Persiana

Recetas de Oriente Próximo y más allá

A mi madre, amorosa, protectora y siempre dispuesta
a probar cualquiera de los mejunjes que le pongo delante.
Te quiero, mamá… incluso aunque no sepas cocinar.

Sabrina Ghayour

Persiana

Recetas de Oriente Próximo y más allá

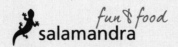

fun & food

salamandra

Contenido

Introducción

La cocina de Oriente Próximo está para muchos rodeada de misterio. Se considera exótica y desconocida, lo que no responde, sin embargo, al retrato fiel de la cocina sencilla y austera que en realidad es. Quizá este equívoco se deba a que en su interpretación se ha quedado algo en el tintero… Si un plato tiene un nombre persa, turco o árabe, se puede pensar: «Esto debe de ser muy difícil de hacer…», cuando en el fondo la mayoría de las recetas no encierran grandes complicaciones.

Comencé a cocinar a la tierna edad de seis años y, pese a que me gustaría poder decir que aprendí todo cuanto sé de mi madre y de mi abuela, debo reconocer que soy una cocinera autodidacta. En realidad, en mi familia no había nadie que supiera cocinar, de modo que en mi casa la comida consistía en unos cuantos platos servidos juntos sin orden ni concierto con el único fin de alimentarnos. Para mí, dedicarme a experimentar en la cocina siempre fue algo natural y, cuando alcancé los últimos años de la adolescencia, decidí que había llegado el momento de aprender por mí misma cómo se prepara la comida persa. Al principio mi objetivo se centró en exclusiva en lo persa, pero el hecho de haber crecido en una familia que ha disfrutado de influencias culturales y culinarias turcas, árabes, armenias y afganas supuso que mi repertorio fuera ampliándose de forma natural con el tiempo.

Desde entonces y hasta ahora, he buscado simplificar mi cocina de todos los modos posibles para hacer más sencilla la elaboración de las recetas persas y de Oriente Próximo, con la intención de crear un estilo culinario que encajara como un guante en mi vida diaria. Algunas de las recetas son auténticas, pero otras tienen un toque de Oriente Próximo que mezcla los aromas y los ingredientes extraordinarios de esta región con productos que pueden encontrarse en los supermercados de cualquier lugar. No es necesario disponer de multitud de ingredientes para hacer algo especial y delicioso: la mayor parte de las veces sólo necesitará un puñado de especias y unas cuantas sugerencias y trucos que le ayudarán a aprender qué hacer con ellas y a descubrir lo versátiles que pueden llegar a ser. Sólo con eso, su cocina puede experimentar una transformación espectacular.

He sido anfitriona en varios *supper clubs* londinenses —restaurantes que hacen también la función de club social— y nunca ha dejado de sorprenderme hasta qué punto una mesa llena de comida puede unir a las personas: llegan allí como completos desconocidos y se levantan de la mesa como amigos. Y es que precisamente en eso consiste la comida para nosotros: relaja el ambiente para una experiencia agradable en la que los platos y el disfrute se convierten en el centro de atención, permitiendo dejar de lado todo lo demás. En Oriente Próximo, la comida no sirve tan sólo para llenar el estómago, sino que lleva aparejado un sentido de acontecimiento extraordinario, una noción de unidad. Suelen organizarse banquetes para invitados con la intención de demostrarles lo que se les valora, para hacerles sentirse especiales. Se establecen vínculos y se construyen amistades duraderas en torno a la comida de la misma forma que otras muchas culturas prefieren las celebraciones alrededor de la bebida.

Comprendo que la forma de comer en Oriente Próximo puede resultar apabullante para muchas culturas. Nos encanta llenar la mesa con infinidad de platos de todos los colores, lo mismo fríos que calientes, con una enorme variedad de viandas y verduras. No obstante, es cierto que no todos los días se celebra un banquete. En ocasiones prefiero cocinar un plato único de cuchara para alimentar con sencillez y sin complicaciones a mi familia, mientras que otras me apetece preparar un festín. Sean cuales sean sus gustos culinarios, seguro que en este libro encontrará platos que se adapten a su estado de ánimo, y con variedad suficiente para seducir a todos los paladares.

La comida persa ha sido como mi primer amor, puesto que me crié en una familia iraní pero me eduqué en Inglaterra y me considero británica, ya que he vivido en Gran Bretaña más de treinta años. A la hora de cocinar utilizo en gran parte ingredientes que pueden comprarse sin dificultad en cualquier supermercado, junto a algunos de aquí y de allá que puede que no sean tan fáciles de encontrar —a menos que tenga cerca una tienda de productos de Oriente Próximo— o que sea necesario encargar por internet. Ni que decir tiene que no debe sentirse obligado a replicar cada receta con exactitud: para ser sincera, las mejores recetas son aquellas que surgieron gracias a una idea inspirada por las circunstancias, como sustituir uno de los ingredientes requeridos por otro. Es la única forma de ganar seguridad y de conseguir desmitificar la cocina de Oriente Próximo: si le gusta el comino, échelo; si no le gusta, elimínelo. No va a destrozar una receta porque cambie u omita un ingrediente.

Preparar comida sabrosa y aromática no tiene por qué ser un engorro, ya que, si sabe qué hacer con unos cuantos ingredientes de lo más comunes, de su cocina saldrán auténticas maravillas. Si va a ponerse a preparar una receta con muchos ingredientes o que exige mucho trabajo, ¿qué posibilidades hay de que vuelva a hacerla otro día? Muy pocas, reconozcámoslo. Estoy convencida de que, si tiene en su despensa unas cuantas especias, algunos limones en conserva y quizá algo de *harissa*, pueden ocurrir cosas mágicas y prodigiosas... Incluso en esas noches en las que llega tarde a casa, pero en las que todavía le quedan ganas de cenar algo delicioso, puede llevar a la mesa platos especiales sin cansarse demasiado.

Nada lioso ni complicado, sólo comida sencilla y riquísima: ésa es la que me gusta comer, la que me gusta cocinar para mi familia y mis amigos, y también la que quiero compartir con usted. Espero que este libro le descubra que es posible llegar a la cocina y a los aromas de Oriente Próximo, que en realidad no son tan complicados y que, de verdad, son más accesibles de lo que podría pensar.

Mezzes
y platos para
compartir

Habas con ajo, eneldo y huevos
Baghala ghatogh

Este plato es originario de las provincias del norte de Irán. La primera vez que lo probé, cuando era más joven, me quedé estupefacta. Nunca antes había comido nada parecido; con una cantidad increíble de ajo y extremadamente sabroso, no es un plato de los más habituales de la cocina persa, lo que explica la razón de que me resultara tan extraño. Cuando lo preparo ahora, en ocasiones suelo servirlo sobre arroz hervido, y estoy segura de que le resultará el plato de arroz más delicioso que jamás haya probado.

PARA 4 PERSONAS
COMO PARTE DE UN *MEZZE*

aceite de oliva

1 cabeza de ajos pelados y cortados en láminas finas

1 kg de habas frescas con su vaina, o bien congeladas y peladas

3 cucharaditas de cúrcuma molida

1 cucharadita colmada de sal gruesa

pimienta negra recién molida

60 g de eneldo picado

una nuez de mantequilla, de unos 25 g

4 huevos camperos

❊ Ponga a fuego medio-bajo una sartén grande, vierta un chorro generoso de aceite de oliva y sofría los ajos hasta que se doren. Añada a la sartén las habas y suba un poco el fuego. Luego eche la cúrcuma, la sal, un poco de pimienta negra y remueva todo bien. Al cabo de 5 minutos, añada el eneldo y deje que el guiso se cocine durante 8 minutos más o menos.

❊ Agregue la mantequilla y espere a que se derrita. Luego casque los huevos sobre las habas, distanciados entre sí, y deje que se cocinen bien con el calor de la legumbre. Sacuda ligeramente la sartén para que las claras se repartan. Habrán transcurrido hasta este momento 15 minutos, tiempo en el que el color de las habas habrá pasado de ser verde brillante a adquirir un tono más apagado (no se asuste, así es como tiene que ser). Sirva este plato con pan plano persa (*véase la pág. 55*), pues es lo mejor para atrapar las habas perfumadas de ajo y mojar en los huevos untuosos. También puede acompañarlo con *naan* o con tortillas de trigo grandes.

Berenjena con *chermoula*

Aunque se trata de una pasta de especias originaria del norte de África, la *chermoula* puede utilizarse como adobo, como aderezo o como base para perfumar numerosos platos. Yo suelo mezclar algunas de sus especias fundamentales para este plato, cuyo resultado es de un sabor ácido y picante, dulce, fresco y parecido a un *chutney*. Quizá guarde ciertas similitudes con la *caponata* italiana, que me fascina, pero las especias de mi *chermoula* le aportan una mayor profundidad. Desde mi punto de vista, el agridulce tan especial y característico hace de este plato una tentación irresistible y adictiva.

PARA 6 PERSONAS
COMO PARTE DE UN *MEZZE*

aceite de oliva

2 berenjenas cortadas en dados de 2,5 cm

sal

½ cebolla grande cortada por la mitad y en rodajas finas

3 dientes de ajo bien majados con un poco de sal

1 cucharadita de comino molido

½ cucharadita de canela molida

1 cucharadita de pimentón dulce

½ pimiento rojo limpio, sin semillas, en tiras y, a su vez, éstas cortadas por la mitad

un puñado de pasas amarillas

400 g de tomate troceado en conserva

3 cucharadas de vinagre de vino tinto

2 cucharaditas de azúcar

2 cucharadas de miel

❋ Vierta un buen chorro de aceite de oliva en una cacerola y eche las berenjenas para saltearlas un rato a fuego medio, hasta que estén doradas. Añada sal a mitad de la cocción. Luego retírelas y resérvelas.

❋ En la misma cacerola, ahora a fuego bajo, sofría las cebollas hasta que se caramelicen, pero sin dejar de removerlas. Cuando comiencen a dorarse, añada los ajos majados, el comino, la canela y el pimentón. Remueva bien y, a continuación, eche los pimientos y sofríalos hasta que todas las verduras estén tiernas. Eche el puñado de pasas y una pizca de sal y continúe sofriendo aún otros 5 minutos antes de agregar el tomate. Deje que se cocine durante 5 minutos más y después incorpore el vinagre de vino tinto, el azúcar y la miel.

❋ Suba el fuego y saltee durante 1 o 2 minutos procurando que no se queme. A continuación, ponga el fuego al mínimo y, con un pasapurés, aplaste ligeramente el sofrito y remuévalo para comprobar que está bien hecho por igual.

❋ Mézclelo con la berenjena previamente cocinada y déjelo todo a fuego muy lento durante 8 minutos más. Apague el fuego pero no retire la cacerola del quemador, para que repose y, así, se fundan sus sabores y sus aromas. Sírvalo caliente y acompañado de una *focaccia* al estilo oriental (*véase la pág. 53*) o pan tostado.

Yogur con pepino, ajo y eneldo
Cacik

Este preparado imprescindible cuando se pide un plato de carne a la parrilla en un restaurante turco se pronuncia en realidad «ya-yic». Es parecido al *tzatziki* griego, se aleja bastante de la *raita* india y del *maast o khiar* persa por el sabor del ajo, y el perfume del eneldo lo hace exclusivo de Turquía. Lo tradicional es prepararlo con yogur griego escurrido bien cremoso, por lo que le sugiero que busque uno de muy buena calidad para conseguir el mejor de los resultados. No obstante, sea cual sea el que use, seguro que es el acompañamiento perfecto para sabrosos platos de carne a la parrilla.

PARA 4 PERSONAS
COMO PARTE DE UN *MEZZE*

1 pepino grande rallado grueso o picado

500 ml de yogur griego

1 diente de ajo grande majado

20 g de eneldo (hojas y tallos) bien picado

sal y pimienta negra recién molida

aceite de oliva virgen extra

❊ Exprima bien el exceso de agua del pepino rallado (puede hacerlo a mano o bien en un colador). Coloque el pepino en un cuenco y mézclelo con el yogur.

❊ Añada el ajo y el eneldo, mézclelo bien y sazone al gusto con sal y pimienta negra. Sírvalo con un chorrito de aceite de oliva virgen extra por encima.

Feta marinado

El pan y el queso (*o naan-o-paneer* en persa) constituyen el aperitivo a cualquier comida persa clásica. Lo más corriente es que se combine con hierbas aromáticas, nueces recién cosechadas, rabanitos y cebollas tiernas. Me inventé este plato a partir de la versión clásica, y se ha convertido en uno de mis imprescindibles. Está delicioso cuando se añade a las ensaladas, ya que el aderezo resulta extraordinariamente sabroso con sólo agregarle un poco más de zumo de limón. También puede comerse el queso directamente acompañado de pan.

PARA 6-8 PERSONAS
COMO PARTE DE UN *MEZZE*

400 g de queso feta

500-600 ml de aceite de oliva
(la cantidad depende del tamaño del
recipiente en el que se marine el queso)

75 ml de aceite de ajo

la ralladura fina de 2 limones
y el zumo de ½

sal

3 chalotas peladas y cortadas
en rodajas finas

10-12 guindillas encurtidas
cortadas en rodajas finas y 3 cucharadas
del líquido del encurtido

40 g de cilantro bien picado

✳ Es probable que tenga un par de paquetes de feta en casa. Córtelos en cubos. Luego dispóngalos en un bol o en un envase de cierre hermético hondo.

✳ Eche en un vaso alto de batidora el aceite de oliva, el aceite de ajo, la ralladura y el zumo de limón y sal al gusto y remueva bien. A continuación, añada las chalotas, las guindillas cortadas y el cilantro y remueva. Termine vertiendo por encima el líquido del encurtido de las guindillas y mezcle de nuevo.

✳ Coloque los dados de queso feta en el recipiente que haya elegido, de modo que no estén demasiado apretados. Eche el aderezo por encima y agítelo ligeramente para que todos queden cubiertos por igual. Tápelo bien con film transparente y déjelo reposar en la nevera durante al menos 3 horas antes de servir. Se puede conservar en el frigorífico unos pocos días, pero siempre en envases de cierre hermético.

✳ **Sugerencia**
Para sustituir el líquido del encurtido de las guindillas que utilice para el aderezo, no tiene más que rellenar lo que falte con agua fría y añadir un poco de sal antes de volver a cerrar el bote con su tapa hermética.

Berenjenas ahumadas con ajo
Mirza ghasemi

Los persas se vuelven locos por las berenjenas. Si alguna vez me hiciera vegetariana, sería de lo más feliz atiborrándome de ellas. La forma de preparar estas berenjenas hace que el aroma a humo penetre en la pulpa, lo que da una intensidad de sabor increíble tanto a este plato como a otros. El *mirza ghasemi* es originario de Gilan, una provincia del norte de Irán, y un clásico en los restaurantes de cocina persa del mundo entero.

PARA 6-8 PERSONAS

6 berenjenas grandes

aceite de girasol o de oliva

2 cabezas de ajo peladas y cortadas en láminas finas

1 cucharadita colmada de cúrcuma molida

6 tomates maduros grandes cortados en cuartos

4 cucharadas de concentrado de tomate

1 cucharadita de azúcar

3 cucharaditas colmadas de sal gruesa

3 huevos camperos medianos, batidos

un puñado de nueces troceadas para decorar

❋ La forma más genuina de preparar las berenjenas es asarlas directamente sobre el fuego —bien sobre una barbacoa, bien sobre la llama del quemador de la cocina— hasta que ennegrezcan y la carne esté bien tierna. Otro modo de hacerlo es colocarlas enteras en una bandeja y cocerlas durante 40 o 45 minutos en el horno precalentado a 220 °C.

❋ Vierta un buen chorro de aceite en una sartén grande y póngala a fuego medio para freír las láminas de ajo despacio, procurando que queden tiernas en lugar de dorarse simplemente por fuera. Si se doran demasiado rápido, deberá retirar la sartén del fuego y dejar que el calor residual termine la cocción. Cuando los ajos comiencen a dorarse, añada la cúrcuma, remueva y eche en la sartén los tomates para que se cocinen durante unos 15 o 20 minutos o hasta que estén bien tiernos. Es el momento de apagar el fuego y retirar la sartén a un lado.

❋ Cuando las berenjenas estén bien asadas, retire la piel desde el pedúnculo hacia abajo y saque la pulpa con la ayuda de una cuchara grande, para disponerla sobre el tomate y el ajo. Vuelva a poner la sartén al fuego, ahora medio-fuerte, para que se cocine todo junto durante unos minutos mientras lo revuelve bien. En último lugar, añada el concentrado de tomate, el azúcar y la sal y deje cocer otros 6 u 8 minutos.

❋ Forme diversos huecos en la superficie del sofrito y vierta encima los huevos batidos, sin removerlos. Compruebe que se han solidificado antes de mezclarlos con las verduras (harán falta unos 6 minutos). Revuélvalos con el sofrito y retire la sartén del fuego para que el guiso se temple durante unos 20 minutos. Decore con las nueces y sirva con pan plano persa (*véase la pág. 55*).

Yogur, pepino y menta
Maast o khiar

Según los persas, este plato cumple el propósito de refrescar hasta en los veranos más sofocantes. Como también ocurre en Turquía, Grecia e India, un plato de yogur de este tipo no puede faltar en la mesa de cualquier familia. A los persas les encanta cambiar de ingredientes, como sustituir el pepino por remolacha o espinacas. Cuando el calor más aprieta, este plato se sirve a modo de sopa, de manera que quizá podría decirse que es la réplica persa al gazpacho español. Hay que servirlo muy frío y, en los días más calurosos, añadir cubitos de hielo para que se mantenga helado.

PARA 6 PERSONAS
COMO PARTE DE UN *MEZZE*

1 pepino grande rallado grueso

2 cucharaditas de menta seca

un buen puñado de pasas amarillas

500 ml de yogur griego

sal y pimienta negra recién molida

Para servir (opcional)
aceite de oliva

nueces troceadas

hojas de menta bien picadas

pétalos secos de rosa comestibles

❋ Exprima bien el exceso de agua del pepino rallado (puede hacerlo con la mano o en un colador). Eche la pulpa escurrida en un cuenco y añada la menta seca y las pasas amarillas. A continuación, vierta el yogur y mezcle bien.

❋ Sazone al gusto con sal y pimienta negra. Cubra el cuenco con film transparente y déjelo en el frigorífico para que se enfríe bien antes de servirlo. Cuando llegue el momento, riéguelo con aceite de oliva y esparza por encima unas nueces troceadas, hojas de menta o eneldo picadas y pétalos de rosas secas, si lo desea.

Ensalada de berenjena ahumada
Batinjan al rahib

Aunque este plato, conocido como *batinjan al rahib* en el ámbito árabe, se prepara con unos pocos ingredientes, su resultado es espectacular. Es muy parecido a la ensalada *patlican* turca, y nunca me canso de ella. Me encanta, les encanta a todos aquellos a quienes se la he preparado, y el sabor de las berenjenas ahumadas es lo que la hace tan especial. La sencillez en la forma de cocinar de Oriente Próximo y los ingredientes más humildes de sus platos causan en ocasiones el mayor de los impactos.

PARA 6-8 PERSONAS

4 berenjenas grandes

½ pimiento rojo sin semillas y bien picado

½ pimiento verde sin semillas y bien picado

4-5 cucharadas de aceite de oliva

2 dientes de ajo majados

el zumo de 1-1 ½ limones

sal y pimienta negra recién molida

un puñado de perejil (sólo las hojas) bien picado

✳ Ase las berenjenas sobre una llama directa (una barbacoa o el fuego del quemador de gas) hasta que la pulpa esté bien tierna hasta el mismo centro (la piel debe quedar quemada, como cuero). Pase entonces las berenjenas a una superficie resistente al calor o a una bandeja de horno y déjelas que se enfríen hasta que pueda manejarlas con las manos.

✳ Extraiga la pulpa con la ayuda de una cuchara grande. Retire el exceso de líquido y luego corte la pulpa en trocitos. A continuación, póngala en un cuenco junto con los pimientos picados y revuelva bien.

✳ En otro recipiente pequeño, eche el aceite de oliva, los ajos majados, el zumo de limón, la sal y la pimienta negra y remueva hasta mezclarlo todo bien. Vierta el aderezo por encima de las berenjenas, esparza a continuación el perejil y revuelva una última vez antes de servir acompañado de pan plano persa (*véase la pág. 55*).

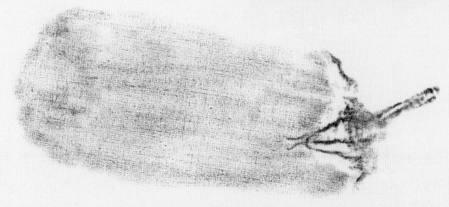

Tortilla persa de hierbas aromáticas
Kuku sabzi

Esta tortilla, de un precioso color verde, es muy apreciada entre los persas. Yo prefiero cocerla en el horno porque así no es tan pesada de hacer y, además, resulta menos grasa que si se hace del modo original, frita. En Irán hay varias versiones diferentes de este plato hecho con huevos, que se llama *kuku* —con patata, con berenjena o con carne—, aunque éste es el más conocido y el que a mí más me gusta. Suele cortarse en tacos pequeños para servirlos como canapés en cócteles. Puede eliminar las nueces y los agracejos, aunque a mí me encantan los dos por su textura y acidez.

PARA 8 PERSONAS
COMO PARTE DE UN *MEZZE*

200 g de perejil

200 g de cilantro

40 g de eneldo

60 g de cebollino

2-3 cucharadas de aceite de oliva

2 manojos de cebollas tiernas picadas

2 cucharaditas de cúrcuma molida

8 huevos camperos medianos

2 cucharadas de harina de trigo

2 cucharadas de yogur griego

3 cucharaditas de levadura en polvo

2 cucharadas de sal gruesa

pimienta negra recién molida

3-4 cucharadas colmadas de bayas de agracejo

100 g de nueces troceadas

❊ Precaliente el horno a 180° C. A continuación, ponga una cacerola a fuego medio para que se caliente.

❊ Pique bien todas las hierbas aromáticas (si va a hacerlo en un robot de cocina, deberá dividirlas en dos tandas). Eche el aceite en la cacerola para sofreír las hierbas y las cebollas tiernas durante unos minutos. Añada la cúrcuma, deje cocer durante 5 minutos y luego vierta el sofrito de hierbas aromáticas en una fuente amplia para que se vaya templando.

❊ Mientras tanto, en un cuenco grande, bata los huevos con la harina, el yogur, la levadura en polvo y un poco de sal y pimienta recién molida, hasta que la mezcla quede sin grumos. Cuando el sofrito se haya templado, échelo en el batido de dos en dos cucharadas, removiendo hasta mezclarlo todo bien. A continuación, agregue las bayas y las nueces, y revuelva otra vez.

❊ Elija una bandeja de horno o una fuente refractaria grande y forre el fondo con papel antiadherente (lo que le permitirá desmoldar el plato una vez acabado con mayor facilidad). Vierta en su interior la mezcla de los huevos con el sofrito de hierbas aromáticas y hornee durante 35 o 40 minutos. Para comprobar que la tortilla está bien cocida, pinche en el centro con la punta de un cuchillo. Si sale limpia, está en su punto. Si no fuera así, vuelva a introducirla en el horno durante unos minutos más. Déjela enfriar y córtela en dados a la hora de servir.

Hummus

¿A quién no le gusta el *hummus*? Aunque esta receta no sigue al pie de la letra la original del Líbano, le permitirá hacer en casa un riquísimo *hummus* con la ayuda de un robot de cocina. También preparo una versión maravillosa con limón y cilantro que puede serle útil cuando necesite servir algo diferente si tiene en casa invitados adictos al *hummus* y no le queda más remedio que ponerles delante más de una versión de este delicioso puré.

PARA 8 PERSONAS

1,2 kg de garbanzos cocidos en conserva (reserve el líquido de 1 ¼ de bote)

4 cucharadas aprox. de aceite de oliva y un poco más para el aderezo

4 cucharadas de aceite de ajo

el zumo de 3 limones

4 cucharadas de *tahina* ligera

2 cucharadas de sal gruesa

una pizca de pimentón para decorar

❋ Lo primero que hay que hacer es convertir los garbanzos en puré, tarea que yo prefiero realizar a mano para que queden con una textura desigual. Pero lo cierto es que al triturarlos en el robot de cocina se obtiene la textura homogénea a la que estamos más acostumbrados. Añada poco a poco el agua de los garbanzos y un chorrito de aceite para facilitar el trabajo y conseguir al final una textura uniforme. Agregue también el aceite de ajo, el zumo de limón y la *tahina*, para terminar con el resto del aceite de oliva y la sal. Remueva muy bien a mano o ponga de nuevo el robot en marcha.

❋ Mezcle con un chorrito muy fino de aceite de oliva hasta que consiga la consistencia que desee. Pruebe y rectifique de sal o añada un poco más de zumo de limón si es necesario. Sirva con un generoso chorro de aceite de oliva y espolvoree con un poco de pimentón.

❋ **Variante**

Para preparar un *hummus* de limón y cilantro, añada a la receta anterior 20 g de hojas de cilantro bien picadas y el zumo de 1 ½ limones más. Remueva muy bien. Sirva con un chorrito de aceite de oliva por encima y decore con unas cuantas hojitas más de cilantro bien picadas.

Salsa picante de tomate y pimiento *Ezme*

El *ezme* es un plato turco extraordinario que se prepara con los tomates más maduros, que le aportan un aroma intenso y dulce, en contraste con el picante de las guindillas y la aspereza del vinagre y la melaza de granada. Todo el mundo tiene su propia receta; unas son más picantes o menos ácidas que otras, pero ésta es mi versión preferida para comer con *cacik* (*véase la pág. 15*) y acompañarlo de pan. Es una receta imprescindible en la cocina turca.

PARA 4 PERSONAS COMO SALSA

4 tomates maduros bien picados

1 cebolla bien picada

1 pimiento rojo sin semillas y bien picado

1 pimiento verde sin semillas y bien picado

2 guindillas sin semillas y bien picadas

20 g de perejil (sólo las hojas) bien picado

2 cucharaditas de zumaque y un poco más para decorar

1 cucharadita de melaza de granada

2 cucharaditas de vinagre de vino tinto

4 cucharadas de aceite de oliva virgen extra y un poco más para aliñar

1 cucharadita de sal gruesa

pimienta negra recién molida

❋ Pueden ponerse todos los ingredientes en un robot de cocina para hacer la tarea más fácil. Hay que empezar por la cebolla y añadir luego los tomates, pero, en cualquier caso, no los pique demasiado, ya que obtendría una sopa como resultado. Agregue los ingredientes del aderezo cuando las verduras estén ya bien picadas.

❋ Para respetar el procedimiento antiguo y auténtico, pique a mano los tomates, la cebolla, los pimientos, las guindillas (opcional) y el perejil y vaya echándolo todo en una ensaladera grande. Agregue el zumaque, la melaza de granada, el vinagre, el aceite de oliva, la sal y la pimienta negra al gusto, y mézclelo todo bien. Cubra el recipiente con film transparente y métalo en el frigorífico para que el aderezo ablande un poco las verduras.

❋ Antes de servirlo, viértalo en una fuente plana y aplástelo con un tenedor, riegue con un poco más de aceite de oliva virgen extra y esparza por encima dos pellizcos de zumaque y de pimienta negra recién molida.

Sigara börek de queso
Sigara börek peynir

Los *börek* son empanadas turcas rellenas de queso, de espinacas y queso o de carne picada. Los hay de todas las formas y tamaños, pero a mí me gusta prepararlos individuales, con forma de *sigara* (cigarro), ya que es el mejor modo de comerlos con la mano y quedan preciosos en la mesa de un convite, en medio de un buen surtido de platos diferentes. Me gusta rellenarlos con queso feta y un ligero punto de menta seca, que le aporta al relleno una calidez fantástica y un toque extraordinario.

PARA 24 UNIDADES

aceite de oliva

150-200 g de queso feta

2 cucharaditas de menta seca

1 cucharada de yogur griego

6 hojas de pasta filo

3 huevos camperos grandes, batidos

semillas de neguilla para decorar

❊ Precaliente el horno a 220° C. Forre una bandeja de horno con papel antiadherente y píntelo con generosidad con aceite de oliva, lo que impedirá que los *börek* se peguen una vez cocidos.

❊ Desmenuce y maje el queso feta en un cuenco pequeño junto con la menta seca y el yogur griego hasta que la mezcla quede lo suficientemente blanda como para moldearla con facilidad.

❊ A continuación, disponga una hoja de pasta filo sobre una superficie de trabajo limpia y córtela en cuatro cuadrados. Deje cerca el cuenco de los huevos batidos. Coloque un cuadrado de masa delante de usted, coja una cucharadita de la mezcla de queso feta, dele entre sus manos la forma de una salchicha y colóquela en la parte de abajo de la pasta filo. Doble los bordes de la parte inferior para encerrar el relleno y enrolle la pasta empezando por abajo, procurando mantener los bordes curvados. Moje los dedos en el huevo batido y selle todas las juntas para evitar que el relleno se salga durante la cocción.

❊ Disponga sus *börek* enrollados sobre la bandeja del horno que ha dejado preparada y repita el proceso con el resto de la pasta filo y del relleno. Pinte por todos los lados los *börek* con huevo batido y esparza por encima una pizca de semillas de neguilla para cocerlos durante unos 20 minutos o hasta que estén bien dorados. Sirva de inmediato.

Buñuelos de bacalao

El pescado en conserva es habitual en el mundo entero. Nosotros solemos utilizar *mahi doodi*, un pescado seco y ahumado que puede encontrarse colgando a la vista del público en cualquier tienda de alimentos de Irán, y en especial en los días previos al Año Nuevo persa, pues es el principal manjar de este festín anual. Este pescado no es precisamente santo de mi devoción, pero, en cambio, me encanta el bacalao salado, que en casa cocino de mil maneras. Mi preferida es ésta: buñuelos pequeños y delicados que se parecen mucho a los de origen español y portugués. Son una tapa salada deliciosa para tomar con una copa o para servir en un *mezze* entre amigos.

PARA 16 UNIDADES APROX.

500 g de bacalao salado

500 g de patatas cocidas y en puré, frías

20 g de perejil (sólo las hojas) bien picado

20 g de eneldo bien picado

20 g de cebollino bien picado

2 guindillas grandes bien picadas (con o sin semillas)

1 manojo de cebollas tiernas cortadas en rodajas muy finas

4 dientes de ajo grandes pelados y cortados en láminas

la ralladura fina de 2 limas

1 cucharadita de cúrcuma molida

1 cucharadita de jengibre molido

3 huevos camperos grandes

1 cucharadita de sal gruesa

pimienta negra recién molida

3 cucharadas colmadas de harina de trigo

1 cucharadita de levadura en polvo

700 ml de aceite de girasol

lima cortada en gajos para decorar

✳ Ponga el bacalao en remojo con abundante agua fría. Yo suelo remojarlo durante un mínimo de entre 4 y 6 horas, y cambio el agua cada par de horas para retirar el exceso de sal. Una vez desalado, escurra y seque bien los filetes con papel de cocina para absorber el exceso de humedad.

✳ En una ensaladera grande, eche el puré de patatas y el bacalao y desmigue el pescado con un tenedor. Añada las hierbas aromáticas, las guindillas, las cebollas tiernas, el ajo, la lima y las especias secas, además del huevo y sal y pimienta negra al gusto. Remuévalo todo muy bien con una cuchara de madera hasta que la mezcla quede uniforme. A continuación, agregue la harina y la levadura, y vuelva a mezclar. Cubra con film transparente e introduzca en el frigorífico durante al menos una hora.

✳ Ponga aceite en una sartén grande a fuego medio-vivo y espere a que se caliente, pero sin que llegue a humear. Eche una pizca de la mezcla en la sartén: si el aceite chisporrotea antes de dos segundos es que está en su punto. Coja la mezcla a cucharadas y vaya echándolas en el aceite. No se preocupe si los buñuelos quedan de formas desiguales, así es como tiene que ser. Fríalos durante 2 o 3 minutos, deles la vuelta y fríalos otro minuto más por el otro lado. Sáquelos con la ayuda de una espumadera y escurra el exceso de aceite sobre un papel de cocina dispuesto en un plato. Siga friendo el resto de los buñuelos del mismo modo y sírvalos acompañados con gajos de lima.

Salsa de feta y pistacho

Descubrí esta salsa en una carnicería con restaurante de un callejón de Estambul. Como es natural, nunca me habrían dicho con qué la habían preparado, así que tuve que imaginármelo para al final llegar a esta versión de un parecido asombroso con el original.

Las influencias de los países balcánicos eran más que evidentes, pero lo que más me gustó fue el hecho de que fuese salada y con ese aroma a frutos secos que rozaba la perfección gracias a un puntito de guindilla. Resulta irresistible untada en pedazos de pan esponjoso.

PARA 8 PERSONAS

100 g de pistachos pelados

75 ml de aceite de oliva

300 g de queso feta

un puñado de eneldo picado (sólo las hojas)

2 puñados de cilantro picado (sólo las hojas)

1 diente de ajo majado

1 guindilla larga roja (semipicante) picada

3 cucharadas generosas de yogur griego

la ralladura fina de 1 limón y el zumo de ½

sal al gusto

✻ Triture los pistachos junto con el aceite en un robot de cocina durante 30 segundos. Añada el queso feta, las hierbas aromáticas, el ajo, la guindilla, el yogur y la ralladura y el zumo de limón. A continuación, ponga de nuevo en marcha la máquina y bátalo todo junto durante un minuto hasta obtener una textura irregular. Pruebe la salsa y sazone con un poco de sal si es necesario. Recuerde que el feta es de por sí bastante salado, de modo que no necesitará añadir mucha sal. Sirva con una *focaccia* al estilo oriental (*véase la pág. 53*).

Empanadas de carne al estilo safávida

Me encantan las empanadas rellenas de carne. *Börek*, pastelas… todos los países tienen su propia forma de empanada, puesto que son una delicia y constituyen en sí mismas una comida completa.

La dinastía safávida, una de las más importantes de la historia persa, reinó en el país entre 1501 y 1722, y de nuevo entre 1729 y 1736. Los safávidas fueron muy poderosos, y sus dominios se extendían desde Azerbaiyán hasta Turquía. La comida siempre ha sido de gran importancia en Oriente Próximo, sobre todo cuando se trata de recibir invitados. Por aquel entonces, los platos de elaboración complicada estaban a la orden del día, y se preparaban con ingredientes y especias caros y únicos. Estas empanadas son típicas de aquellos tiempos, y en muchos países que estuvieron bajo el poder del antiguo imperio siguen siendo todavía hoy parte de su cocina moderna.

PARA 12 UNIDADES

aceite de girasol
200 g de carne de vacuno picada
½ cucharadita de cúrcuma molida
½ cucharadita de comino
½ cucharadita de pimentón
½ cucharadita de canela molida
dos pellizcos de nuez moscada molida
¼ de cucharadita de guindilla molida (opcional)
1 cucharada de pétalos secos de rosa comestibles
sal y pimienta negra recién molida
1 cebolla roja pequeña bien picada
un puñado pequeño de perejil (sólo las hojas) bien picado
1 hoja de masa de hojaldre estirada de 35 x 24 cm aprox.
40 g de mantequilla derretida

❋ Ponga una sartén grande a fuego medio-vivo y vierta un chorrito de aceite para sofreír la carne picada sin dejar de removerla todo el rato para evitar que se recueza o que se cocine de forma irregular. En cuanto cambie de color, eche todas las especias junto con los pétalos de rosa y mézclelos con la carne para que queden bien distribuidos. A continuación, sazone con sal y pimienta negra y continúe con la cocción hasta que no quede jugo en la sartén. Retire la carne y resérvela.

❋ Precaliente el horno a 220° C. Cubra una bandeja de horno grande con papel antiadherente.

❋ Cuando la carne especiada se haya enfriado, mézclela bien con la cebolla y el perejil.

❋ Corte la masa de hojaldre en 12 cuadrados. Coloque en el centro de uno de los cuadrados una cucharada de refrito de carne, doble la masa formando un triángulo y presione en los bordes para cerrarla bien. Repita la misma operación con los otros cuadrados de masa hasta terminar con el relleno.

❋ Disponga los triángulos sobre la bandeja de horno con el papel antiadherente a una distancia de unos 2 cm entre sí. Pinte por encima con la mantequilla derretida y hornee durante unos 20 minutos o hasta que estén bien dorados.

Huevos al plato con feta, *harissa*, salsa de tomate y cilantro

Los huevos al plato son una de mis recetas favoritas para el desayuno. No hay nada más placentero que mojar un trozo de pan en la yema untuosa, sobre todo si los huevos están bien sazonados, como a mí me gustan. La guindilla sirve para poner en marcha el metabolismo por la mañana, y la *harissa* es un condimento que va bien con todo y que conviene tener en casa para preparar platos rápidos. Unos cuantos dados de feta cremosos y salados combinan de maravilla con la *harissa*. Estos huevos matutinos de éxito asegurado han servido de plato principal en muchas de las cenas que he dado en mi casa.

PARA 4 PERSONAS

4 cucharadas de aceite de oliva

5 dientes de ajo pelados y cortados en láminas finas

3 cebollas rojas grandes cortadas por la mitad y en rodajas de 1 cm

2 cucharaditas de cúrcuma molida

1 cucharadita de cilantro molido

1 cucharadita de comino molido

½ cucharadita de canela molida

3 cucharadas de *harissa*

6 tomates grandes picados gruesos

400 g de tomate troceado en conserva

sal

40 g de cilantro (sólo las hojas) picado grueso

400 g de queso feta

pimienta negra recién molida

8 huevos camperos grandes

❋ Para preparar la salsa, ponga una sartén a fuego medio y vierta la cantidad de aceite necesaria para cubrir el fondo. Saltee las láminas de ajo y las rodajas de cebolla hasta que empiecen a ablandarse y a ponerse transparentes. Añada la cúrcuma, el cilantro, el comino y la canela molidos y remueva bien antes de agregar la pasta de *harissa*. Eche encima los tomates frescos y los de lata, sazone y mézclelo todo muy bien. A continuación, baje un poco el fuego y deje que la salsa se cocine durante 15 o 20 minutos, removiendo de vez en cuando para evitar que se pegue.

❋ Precaliente el horno a 180° C. Elija una bandeja de horno grande (o dos más pequeñas) y vierta dentro la salsa especiada de tomate. Esparza por encima las hojas de cilantro picadas (reserve un puñado para decorar el plato al final) y remueva con suavidad para que se mezclen con la salsa. Corte el queso feta en dados de unos 2,5 cm y repártalos sobre la fuente. Forme ocho huecos a distancias regulares en la superficie y casque los huevos dentro, agregue una cantidad generosa de pimienta negra y eche un poco más de sal. Hornee durante 10 o 12 minutos o hasta que las claras de los huevos estén bien cocidas.

❋ Saque del horno, esparza por encima el último puñado de cilantro picado y sirva acompañado de pan. El pan plano persa (*véase la pág. 55*) resulta ideal para mojar directamente del plato.

Pastelitos de carne y patata especiados
Kotlet

Ésta es una de las recetas más sencillas de preparar para una celebración persa, lo que explica que sea un clásico en muchas fiestas familiares, en particular durante el Año Nuevo. En realidad, lo más habitual es comer estos pastelitos al día siguiente de la fiesta, en forma de bocadillo y acompañados de tomates y pepinillos. Están riquísimos de cualquier modo, y no plantean muchas dificultades si tienen que hacerse en grandes cantidades. Puede adaptar la receta a su gusto y sustituir el buey por carne de ternera, cordero, pollo o pavo.

PARA 12 UNIDADES APROX.

115 g de miga de pan triturada muy fina en un robot de cocina

500 g de carne de buey picada

400 g de patatas cocidas y en puré, frías

1 cebolla triturada en un robot de cocina o bien picada

20 g de cilantro bien picado

2 huevos camperos

2 cucharaditas de ajo en polvo

2 cucharaditas de comino molido

1 cucharadita de cúrcuma molida

½ cucharadita de canela molida

2 cucharaditas colmadas de sal gruesa

pimienta negra recién molida

aceite de girasol

* Para rebozar los pastelitos, eche la miga de pan rallado en una fuente o plato plano.
* Ponga el resto de los ingredientes, excepto el aceite, en una ensaladera grande y remuévalo todo con las manos bien limpias. Compruebe que esté todo mezclado de manera uniforme y que el huevo y las especias estén bien repartidos.
* Ponga una sartén grande antiadherente a fuego medio-bajo, y encienda el horno a baja potencia.
* Coja una bola del picadillo (de un tamaño un poco mayor que una pelota de golf), hágala rodar entre las palmas de las manos y aplánela para darle forma de hamburguesa gruesa. A continuación, ponga el pastelito sobre el pan rallado y cúbralo por todas partes con el mismo para que quede bien rebozado por las dos caras. Resérvelo a un lado y repita la misma operación hasta que los haya empanado todos.
* Vierta un poco de aceite en la sartén ya caliente y, sin cargarla demasiado, fría varios pastelitos cada vez entre 6 y 8 minutos por cada lado o hasta que estén bien dorados. Retírelos con cuidado y déjelos escurrir sobre una fuente con papel de cocina, páselos al horno para reservar templadas las tandas ya fritas mientras termina de freír los restantes. Se pueden servir acompañados de pan plano persa (*véase la pág. 55*).

Lahmacun

Estos panes (pronúnciese «lah-ma-yun») a menudo son descritos como minipizzas turcas, ya que se cuecen de forma tradicional en pocos segundos en un horno de leña. Suelen cubrirse con carne de cordero picada muy especiada y hierbas aromáticas, y saben igualmente ricos como bocados para picar que como comida principal. No es muy trabajoso prepararlos en casa, y el resultado espectacular merece el esfuerzo. Sólo deberá tener cuidado con el picante, puesto que no a todo el mundo le gusta la guindilla.

PARA 8 PERSONAS

Para la masa

1 cucharadita de azúcar

14 g de levadura de panadería remojada en 2 cucharadas de agua templada

300 g de harina de fuerza

1 cucharadita de sal gruesa

150 g de yogur griego

50 ml de aceite de oliva y un poco más para pintar

limón en gajos para servir

Para la cubierta

250 g de carne de cordero picada

2 tomates maduros, sin semillas y bien picados

1 cebolla bien picada

2 cucharaditas de pimienta de Alepo (*o pul biber*) o 2 guindillas rojas sin semillas y bien picadas

un buen puñado de perejil (sólo las hojas) bien picado

sal y pimienta negra recién molida

✳ Añada el azúcar a la levadura remojada y mezcle bien. Déjela que fermente durante unos 10 minutos hasta que se ponga espumosa.

✳ Tamice la harina en un bol grande y añada la sal. En un cuenco pequeño, remueva el yogur con el aceite de oliva hasta que se mezclen bien. Forme un hueco en el centro de la harina y vierta en él la mezcla de yogur y la de levadura. Trabaje con las manos hasta formar una masa. A continuación, haga una bola con ella.

✳ Amase la bola durante 5 minutos y déjela en reposo durante otros 10, para trabajarla de nuevo un minuto más. Repita este proceso otras tres veces, para luego dejar la masa en el bol y cubrirla con un trapo de cocina limpio, donde reposará en un sitio templado durante un par de horas. A continuación, divida la masa en 8 bolas iguales. Estire cada una de ellas en círculos de más o menos 15 cm de diámetro y píntelos con aceite de oliva.

✳ Precaliente el horno a 220° C. Forre dos bandejas de horno grandes con papel antiadherente.

✳ Para preparar la cubierta, mezcle en un cuenco el cordero, los tomates, la cebolla, la pimienta de Alepo, el perejil y una cantidad generosa de sal y pimienta. Amáselo todo bien, haciendo pasar la carne a través de sus dedos para romper las fibras. A continuación, póngalo todo sobre una tabla y píquelo durante unos cuantos minutos con un cuchillo hasta que adquiera la consistencia de una pasta.

✳ Divida la mezcla anterior en 8 partes y extiéndalas sobre cada una de las bases de masa, sin preocuparse de cubrirlas por entero. Póngalas en la bandeja de horno y cuézalas entre 10 y 15 minutos o hasta que comiencen a dorarse. Sirva de inmediato con gajos de limón.

Keftas de cordero especiadas

La palabra *kefta* significa «aporrear», y todos los países de Oriente Próximo creen que su versión de este plato es la única y auténtica. Cualquiera de las variaciones de la *köfte* turca, de la *koofteh* persa o de la *kefta* o *kofta* árabes son igual de deliciosas y utilizan los ingredientes típicos de la cocina de su propia cultura. Esta versión en particular se prepara con pasas y piñones. Me fascina la unión de estos dos ingredientes, ya que no sólo se consigue la explosión en la boca de un dulzor jugoso, sino también el crujir agradable de los piñones tostados, lo que resulta una combinación inmejorable. Sirva estas *keftas* con arroz, *naan* o tortillas de trigo grandes; un poco de yogur griego también resulta un buen acompañamiento.

PARA 14-16 UNIDADES

500 g de carne de cordero picada (no demasiado magra)

1 cebolla grande rallada o bien picada

1 cucharadita colmada de cúrcuma molida

½ cucharadita de canela molida

2 cucharaditas colmadas de comino molido

1 ½ cucharadas de sal gruesa

50 g de piñones, ligeramente tostados

un buen puñado de pasas de Corinto

40 g de perejil bien picado

2 huevos camperos grandes, batidos

aceite de oliva

❋ Ponga a fuego medio una sartén grande antiadherente. A continuación, precaliente el horno a 140° C.

❋ Eche todos los ingredientes, excepto el aceite, en una ensaladera grande y remuévalos bien con las manos. Trabaje el picadillo durante varios minutos, golpeando el tiempo necesario la carne para que se desmenuce y para que se mezcle bien con el huevo y las especias.

❋ Coja una bola del picadillo (de un tamaño un poco más grande que una pelota de golf) y dele forma de *kofta* alargada, como una salchicha, de unos 5 cm de largo, con los extremos algo puntiagudos y el centro más grueso. Ésta es la forma tradicional de las *keftas*, pero puede hacerlas también a modo de tortitas grandes o pequeñas o simplemente como albóndigas, como usted prefiera.

❋ Vierta un chorrito de aceite en la sartén ya caliente a fuego medio y fría varias de las tortitas al tiempo, pero sin recargar la sartén. No les dé la vuelta hasta que vea que se ha formado una costra dorada en la parte de abajo. Dore por todas partes y páselas a una bandeja forrada con papel antiadherente para mantenerlas calientes en el horno mientras termina de freír las *keftas* que quedan.

❋ **Sugerencia**
Puede añadir a estas *keftas* ya fritas una salsa de tomate especiada (*véase la receta en la pág. 117*) y servirlas acompañadas de arroz o patatas.

Calamar frito especiado

Me vuelven loca los calamares en cualquiera de las formas en que los he comido: en curris, a la parrilla, rellenos, asados o fritos. Son relativamente baratos, en especial si son congelados, una opción estupenda, y yo los prefiero pequeños, ya que son más tiernos. En este plato, quedan crujientes y deliciosos. Se puede aplicar el mismo método de cobertura y cocción a los langostinos.

PARA 4-6 PERSONAS
COMO PARTE DE UN *MEZZE*

700 ml de aceite de girasol

750 g de chipirones (frescos o congelados)

2 cucharadas de pimienta negra en grano

3 cucharadas de sal

3 cucharaditas de comino molido

2 cucharaditas de cilantro molido

1 ½ cucharaditas de cúrcuma molida

70 g de harina de maíz

❋ **Variante**
Para preparar una salsa rápida, mezcle un poco de carne de membrillo con alioli de bote y añada así a este plato un toque auténtico de Oriente Próximo.

❋ Eche el aceite en una sartén grande y honda (o incluso en un cazo grande, si lo prefiere), y póngala a fuego vivo para que se caliente bien sin que llegue a humear.

❋ Mientras tanto, corte el cuerpo de los calamares en anillas (de poco más de 1 cm) y deje enteros los tentáculos. Séquelos bien con un trapo de cocina limpio o papel absorbente y reserve.

❋ A continuación, maje los granos de pimienta todo lo que pueda, añada la sal y el resto de las especias y siga picando hasta que estén bastante molidas. No es necesario conseguir un polvo fino, así que no se preocupe por los trozos más o menos grandes de pimienta que pueda haber.

❋ Eche la harina de maíz y la mezcla de especias en una bolsa para bocadillo o para congelar y sacúdala bien hasta que vea que todo se ha repartido con uniformidad. A continuación, introduzca los calamares en la bolsa y eche un poco de harina mezclada con las especias por encima sin moverlos demasiado, puesto que podría hacerse una pasta si los jugos del calamar remojan en exceso la harina.

❋ Sacuda la harina sobrante de los calamares y fríalos en el aceite caliente por tandas, sin cargar demasiado la sartén. Fría cada tanda entre un minuto y un minuto y medio (el tiempo dependerá de la temperatura del aceite), o hasta que vea que se han dorado y están crujientes. Retire los calamares de la sartén con la ayuda de una espumadera y deposítelos en platos cubiertos con papel de cocina. Sírvalos bien calientes.

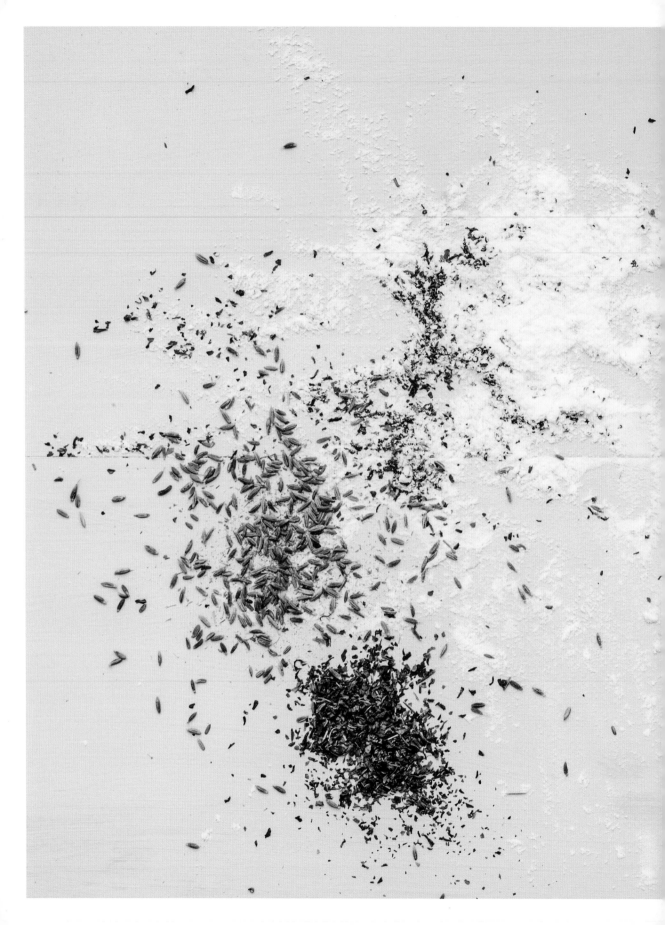

Panes
y cereales

Focaccia al estilo oriental

Me encanta la *focaccia*. Es la viva representación de la hogaza primigenia, con su textura esponjosa y su costra sabrosa y empapada de aceite. Cuando consigo que una receta de panadería me salga perfecta, suelo experimentar y añadir nuevos ingredientes para inventar unas cuantas variantes. Uno de mis experimentos más exitosos fue esta *focaccia* al estilo oriental, puesto que resulta muy sabrosa como acompañamiento de quesos salados o para darle vida a un simple tazón de sopa. Asimismo, es ideal para preparar bocadillos sensacionales (puede rellenarse con feta y pimientos asados, por ejemplo), además de ser un acompañamiento insuperable para salsas o purés como el *hummus*.

PARA 1 UNIDAD

125 g de crema agria fría

150 ml de agua fría

100 ml de agua hirviendo

3 cucharaditas de sal gruesa y un poco más para espolvorear

2 cucharaditas de azúcar

7 g de levadura ultrarrápida de panadería

550 g de harina de fuerza

3 cucharadas de comino en grano

1 cucharada de cilantro molido

1 cucharada de menta seca

1 cucharadita de guindilla en copos

200 ml de aceite de oliva virgen extra

4 ramitas de tomillo (sólo las hojas) picado

1 cucharadita de semillas de neguilla

1 cucharadita de zumaque

✳ En un bol grande, mezcle la crema agria con el agua fría y el agua hirviendo. Añada a continuación la sal junto con el azúcar y la levadura, para luego incorporar la harina, 2 cucharadas de comino en grano, el cilantro molido, la menta seca y los copos de guindilla (opcional) hasta que se forme una bola de masa desigual. Cubra el bol con film transparente y deje que la masa repose en un lugar templado durante 10 minutos.

✳ Forre una bandeja de horno grande con papel antiadherente y coloque encima la masa. Estírela hasta cubrir el fondo y luego hunda los dedos hasta el fondo para formar varios agujeros en la masa. Intente no romperla, pero trabájela con fuerza. A continuación, cubra la bandeja con film transparente y deje reposar la masa en un lugar templado durante una hora.

✳ Cuando haya transcurrido el tiempo, precaliente el horno a 200° C. Retire el film transparente que cubre la masa y riéguela con el aceite de oliva virgen extra, procurando cubrir bien todos los huecos de la misma. Un pincel de silicona puede resultarle de gran utilidad. Cubra generosamente toda la superficie de la masa con sal gruesa, las hojas de tomillo, las semillas de neguilla, el resto del comino en grano y el zumaque. Introduzca la bandeja en la parte superior del horno y cueza la *focaccia* durante 25 o 30 minutos, o hasta que esté bien dorada.

Pan plano persa
Naan barbari

Este pan tiene una textura esponjosa muy agradable, que contrasta además con el crujiente de las semillas de neguilla; es perfecto para cremas y para untar en salsas. Yo suelo huir de las recetas de pan en las que se emplean máquinas de amasar. El experto panadero Dan Lepard me contó en una ocasión un truco para facilitar el amasado a mano; ahora lo aplico para elaborar casi todos mis panes y siempre me quedan estupendos con el mínimo esfuerzo.

PARA 2 PANES GRANDES

7 g de levadura ultrarrápida de panadería

500 ml de agua templada

700 g de harina de fuerza

2 cucharadas colmadas de sal gruesa

75 ml de aceite de oliva

50 g de mantequilla derretida

semillas de neguilla para espolvorear (o de sésamo)

✽ Eche la levadura en 50 ml de agua templada y déjela reposar unos minutos para que se disuelva bien.

✽ En un bol, mezcle la harina con la sal gruesa y forme un hueco en el centro. Vierta encima el resto del agua templada, 50 ml de aceite de oliva y la levadura disuelta en agua, y amase con las manos hasta que consiga una masa suave. Si estuviera muy pegajosa, añada un poco más de harina, o unas gotas de agua templada si estuviera demasiado seca.

✽ Amase bien durante 5 minutos sobre una superficie de trabajo limpia y enharinada. A continuación, deje reposar durante 10 minutos antes de volver a amasarla otros 2 minutos. Repita este proceso otras tres veces y, durante la segunda, ama,se con los últimos 25 ml de aceite de oliva. Vuelva a meter la masa en el bol, cubra con un trapo limpio y deje reposar unas 3 horas.

✽ Una vez transcurrido el tiempo de reposo, la masa habrá triplicado su volumen. Estírela tirando de dos extremos y luego córtela en dos. Para dar la forma adecuada al pan es necesario que estire cada mitad de masa en una pieza plana y larga, de unos 40 cm de largo. Disponga las dos piezas de masa sobre sendas bandejas de horno forradas con papel antiadherente. Con la ayuda de un cuchillo muy afilado o con un cortador de pizzas, haga dos cortes longitudinales en el centro de la masa de unos 5-8 cm. Para terminar, cubra cada una de las bandejas de horno con trapos de cocina limpios y deje reposar otros 30 minutos.

✽ Precaliente el horno a 220° C. Una vez que los panes hayan leudado, píntelos con la mantequilla derretida y espolvoree con las semillas de neguilla. Hornee entre 16 y 18 minutos o hasta que estén dorados. Deje enfriar.

Arroz persa de hierbas aromáticas
Sabzi polow

Éste es un plato muy especial de arroz que, por desgracia, la mayoría de los persas come sólo una vez al año, durante el Año Nuevo, que coincide con el equinoccio de primavera. Es muy fragante gracias a que incorpora numerosas hierbas aromáticas. Según la tradición y como parte del festín del Año Nuevo persa, se sirve con pescado seco ahumado, ya sea salmón, bacalao o caballa. Sin pescado, incluso, está riquísimo, pero recuerde siempre echar mantequilla ya que mejora muchísimo cualquier plato de arroz.

PARA 4-6 PERSONAS

500 g de arroz basmati

sal

100 g de cilantro (sólo las hojas)

100 g de perejil (sólo las hojas)

40 g de cebollino

40 g de eneldo (sólo las hojas)

1 manojo de 125 g de cebollas tiernas

3 cucharadas de aceite de girasol

150 g de mantequilla

❊ Lave el arroz en agua fría en una ensaladera grande y luego escúrralo. Repita el proceso varias veces hasta que el agua salga clara.

❊ Cubra el arroz con agua fría, añada un buen puñado de sal gruesa y déjelo en remojo durante 2 o 3 horas. No es imprescindible remojar el arroz, pero sólo unos 30 minutos en agua ayudan a que los granos se alarguen, lo que hace más refinada la presentación del plato.

❊ Si no dispone de un robot de cocina, pique bien todas las hierbas aromáticas y las cebollas tiernas a mano. Cocinar con uno de estos aparatos es mucho más sencillo, puesto que puede echar (en dos tandas) todas las hierbas y triturarlas bien finas. Córtelas un poco antes de introducirlas en el robot de cocina. Asimismo, parta las cebollas tiernas en cuatro o cinco pedazos y métalas también en el robot para que queden bien picadas. Cuando haya terminado, mézclelas con las hierbas y reserve.

❊ Ponga una cacerola con tapa a fuego medio si su cocina es de gas, o vivo si es eléctrica. Llénela de agua hirviendo, luego escurra el arroz y échelo en la cacerola junto con un buen puñado de sal gruesa, las hierbas aromáticas y las cebollas tiernas picadas. Remueva bien y deje en ebullición entre 6 y 8 minutos, hasta que el arroz esté medio cocido (cuando los granos adquieran un aspecto blanco brillante, aunque no estén todavía tiernos). A continuación, escúrralo con un colador y reserve (sin enjuagarlo).

✻ Vuelva a colocar la cacerola al fuego, eche el aceite, añada un par de buenos trozos de mantequilla y una cucharada de sal gruesa. A continuación, vierta el arroz en la cacerola procurando repartirlo bien, sin apelotonarlo, ya que es necesario que los granos de arroz queden sueltos, pues esto permite que el vapor suba entre ellos. Agregue el resto de la mantequilla. Envuelva la tapa de la cacerola en un trapo de cocina (para impedir que salga el vapor y quede cerrada herméticamente), tápela y cocine durante 8 minutos a temperatura más bien alta. A continuación, póngala a fuego bajo y cocine otros 25 o 30 minutos.

✻ Una vez que el arroz esté cocido, viértalo sobre una fuente grande, despegue del fondo el sabroso *tahdig* (significa «el fondo del puchero» y es el bocado crujiente que se disputan todos los persas) y dispóngalo sobre el arroz.

✻ **Sugerencia**

Forre la cacerola con un papel antiadherente para evitar que el *tahdig* se pegue. Si lo arruga o lo apelotona antes de alisarlo de nuevo, éste se vuelve más maleable y resulta más fácil forrar el fondo de la cacerola.

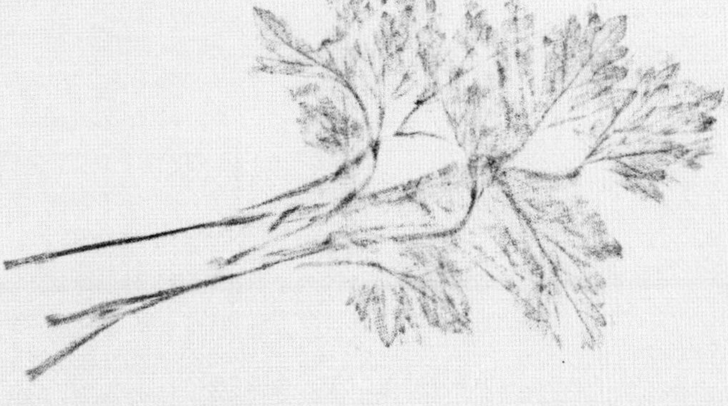

Arroz enjoyado persa
Morassa polow

Este plato se sirve tradicionalmente en las bodas. *Morassa* significa literalmente «joya», lo que explica muy bien el colorido de sus ingredientes. El azúcar añadido, poco convencional, endulza el arroz, y contrasta con la acidez de las bayas de agracejo y con el aroma penetrante de la cáscara de naranja. Es tradición de la cocina persa incluir frutas y frutos secos en platos salados.

PARA 6 PERSONAS

500 g de arroz basmati

3 cucharadas de aceite de girasol

150 g de mantequilla con sal

sal

50 g de pistachos en láminas

50 g de almendras en láminas

50 g de bayas de agracejo secas

40 g de ralladura de naranja amarga seca (en tiendas de Oriente Próximo)

125 g de azúcar

✳ Llene de agua hirviendo una cacerola grande con tapa y póngala a fuego medio-vivo. Eche el arroz y cuézalo durante 8 minutos. A continuación, escúrralo y enjuáguelo enseguida bajo un chorro de agua fría durante un par de minutos para retirar el exceso de almidón. Vuelva a escurrir y sacúdalo para quitar el agua sobrante.

✳ Baje el fuego al mínimo. Si su cacerola no es antiadherente, forre el fondo con papel de hornear (*véase la sugerencia de la pág. 59*). Eche 2 cucharadas de aceite y 50 g de mantequilla, además de un pellizco generoso de sal. Luego vierta el arroz de modo que forme un montoncito en el centro del recipiente.

✳ Envuelva la tapa de la cacerola en un trapo de cocina (para impedir que salga el vapor y quede cerrada herméticamente), tápela y cocine el arroz durante una hora. Pasado ese tiempo, compruebe si los granos de más arriba están cocidos, esponjosos y blancos, ya que no todos los fuegos de cocina son iguales. Una vez esté bien hecho, retire del calor.

✳ Ponga a fuego vivo una sartén grande, eche el resto de la mantequilla y el aceite y todos los frutos secos, las bayas de agracejo, la ralladura de naranja y el azúcar, y remueva enérgicamente. Siga revolviendo hasta que el azúcar y la mantequilla se hayan disuelto, baje el fuego y continúe cocinando hasta que las bayas de agracejo estén tiernas.

✳ Cuando el arroz esté cocido, llene un cuenco con las dos terceras partes del mismo y mézclelo con los frutos. Remueva bien y sazone con sal al gusto. El *tahdig*, el arroz que ha quedado en el fondo de la cacerola (*véase la pág. 59*), tendrá una costra dorada por debajo. Despéguelo del papel de hornear y disfrútelo.

Arroz basmati persa
Chelo

El arroz es como el santo grial de la cocina persa y la base de cualquier menú, y los buenos cocineros se miden por lo bien que lo preparan. Éste es uno de los pocos métodos de cocción que existen en los que el arroz no se cuece mediante la absorción de agua, sino al vapor, con lo que se logra que los granos queden sueltos y con un aspecto refinado. Una vez haya probado este método, difícilmente querrá cocinarlo mediante cualquier otro. Asimismo, se obtiene una costra crujiente de *tahdig*, pero no se preocupe si no es así, ya que hay que tener cierta práctica y mucha suerte la mayor parte de las veces.

PARA 6 PERSONAS

500 g de arroz basmati

sal gruesa

aceite de oliva suave

60 g de mantequilla

✳ Ponga una cacerola grande a fuego medio-vivo. Llénela de agua hirviendo y eche el arroz con un puñado generoso de sal. Déjelo hervir entre 6 y 8 minutos. Sabrá que el arroz está ya medio cocido cuando el color de los granos adquiera un blanco más brillante y se hayan alargado ligeramente y estén más tiernos.

✳ Escurra el arroz y enjuáguelo de inmediato bajo un chorro de agua fría durante un par de minutos para retirar el exceso de almidón. Forre el fondo de la cacerola que ha utilizado antes para precocer el arroz con un poco de papel antiadherente (*véase la sugerencia de la pág. 59*).

✳ Vuelva a poner la cacerola forrada con papel al fuego y eche un chorro generoso de aceite con dos trocitos de mantequilla y una cucharada de sal. Vaya esparciendo el arroz en el fondo. Tenga cuidado de no apelotonarlo, porque necesitará los huecos que deja el arroz esparcido para que el vapor pueda pasar hacia arriba. Envuelva la tapa de la cacerola en un trapo de cocina (para impedir que salga el vapor y quede cerrada herméticamente), tápela y cueza el arroz durante unos 45 minutos a la temperatura más baja posible si tiene cocina de gas, o durante una hora y media a fuego medio-bajo si es eléctrica. Los granos tienen que inflarse al cocer. A la hora de servir, voltee directamente la cacerola sobre un plato o vierta el contenido en una fuente. A continuación, despegue el *tahdig* crujiente del fondo (*véase la pág. 59*) y sírvalo por encima del arroz.

Arroz con lentejas y cebollas crujientes
Mojardara

Este plato de arroz, conocido como *mojardara* en la cocina árabe, se versiona en diversos países. La receta que comíamos cuando yo era pequeña no era tan especiada, pero sí contenía gran cantidad de lentejas y pasas o dátiles. La versión árabe lleva cebolla frita y —debo reconocerlo— adoro la cebolla frita casi en cualquier plato. Se trata de una receta de naturaleza muy humilde, y la cocina sencilla es siempre la que se hace más popular en su lugar de origen. Sólo me falta decir que suelo preparar doble cantidad, ya que me encanta seguir comiéndolo durante varios días después.

PARA 6-8 PERSONAS

400 ml de aceite de girasol

4 cebollas grandes cortadas por la mitad y en rodajas finas

275 g de lentejas verdes

1 cucharada de comino en grano

300 g de arroz basmati

1 cucharadita de cilantro molido

2 cucharaditas de comino molido

2 cucharaditas de canela molida

1 ½ cucharaditas de cúrcuma molida

sal

525 ml de agua

✻ Variante

Para conseguir un aroma afrutado, añada un par de puñados de pasas a las lentejas ya escurridas.

✻ Caliente el aceite en una cacerola grande con tapa a fuego vivo. Fría las cebollas (en 2 o 3 tandas) durante unos 8 minutos, removiendo de vez en cuando, hasta que estén doradas y crujientes. Retírelas con una espumadera y deje que escurran sobre un plato cubierto con papel de cocina. Retire el aceite de la cacerola y deséchelo.

✻ Hierva agua en una olla grande, eche las lentejas y cuézalas durante unos 15 minutos o hasta que estén suaves sin llegar a estar blandas. Escúrralas y póngalas bajo un chorro de agua fría para interrumpir la cocción.

✻ Ponga la cacerola que ha empleado antes para freír las cebollas a fuego medio, eche el comino molido y fríalo durante un minuto más o menos antes de añadir el arroz y el resto de las especias, además de una buena cantidad de sal. A continuación, agregue las lentejas y las pasas, si es que decide ponerlas (*véase la variante*), y mezcle bien. Añada el agua, remueva una última vez y cubra la cacerola con la tapa, baje el fuego al mínimo y cocine durante 20 minutos. Una vez pasado ese tiempo, apague el fuego y deje en reposo durante 10 minutos bien tapado, lo que facilita que el arroz quede bien cocido.

✻ Esponje los granos con la ayuda de un tenedor para mezclar luego el arroz con las dos terceras partes de las cebollas fritas. Sirva en una fuente con el resto de las cebollas por encima.

Trigo *bulgur* con tomate
Bulgur pilavi

Este plato fuerte es el más tradicional para servir con los kebabs turcos. En Irán preferimos el arroz, pero los turcos preparan esta sencilla y deliciosa receta de trigo *bulgur* que, para ser sincera, me vuelve loca tanto caliente como fría, lo mismo con kebabs que sin ellos. No sólo es un plato sencillo de preparar, sino que, además, es muy económico, por lo que goza de una gran popularidad en toda Turquía. Me gusta mucho comerlo acompañado con montones de *cacik* (*véase la pág. 15*).

PARA 4 PERSONAS

aceite de oliva

1 cebolla grande bien picada

1 pimiento rojo sin semillas
y cortado en trozos pequeños

2 cucharadas de concentrado de tomate

sal y pimienta negra recién molida

200 g de trigo *bulgur*

un buen trozo de mantequilla

500 ml de agua o de caldo de pollo
o de verduras

❋ Ponga a fuego medio una cacerola grande antiadherente con tapa, vierta un chorrito de aceite suficiente para cubrir el fondo y sofría las cebollas, removiendo a menudo para evitar que se doren demasiado. Añada el pimiento cortado en trozos pequeños y mezcle durante un minuto más, para echar a continuación el concentrado de tomate y una buena cantidad de sal y pimienta negra. Deje que el tomate se haga durante unos minutos, sin parar de remover. Añada un poco más de aceite si es necesario.

❋ Eche el trigo *bulgur* y la mantequilla en la cacerola y, a continuación, el agua o el caldo, y remueva bien hasta que el tomate se haya disuelto por igual. Tape la cacerola, reduzca el fuego a medio-bajo y cocine durante 15 o 20 minutos o hasta que ya no haya agua en el recipiente. Cuando el *bulgur* esté cocido, esponje los granos con la ayuda de un tenedor. Sirva de inmediato.

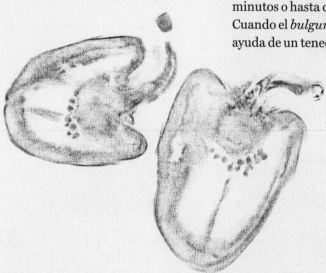

Arroz especiado de langostino
Maygoo polow

Este plato absolutamente delicioso y aromático se basa en otra receta de arroz especiado del puerto iraní de Bandar Abbas, y no es muy diferente de un *biryani*. En esta región, el especiado es muy parecido al de los estados árabes y Afganistán, aunque las especias y las guindillas se emplean con mayor profusión. Creo que prepararlo con cualquier tipo de marisco es una opción ganadora. Es un magnífico plato principal en cualquier cena y, en mi casa, es uno de los preferidos para la noche de los domingos. Suele servirse acompañado de yogur, que ayuda a refrescar el paladar.

PARA 6 PERSONAS

500 g de arroz basmati

sal

aceite de girasol

6 dientes de ajo grandes pelados y cortados en láminas

un trozo de unos 7 cm de jengibre, pelado y rallado fino

1 cucharadita de jengibre molido

2 cucharaditas de comino molido

1 cucharadita colmada de fenogreco seco en hojas

½ cucharadita de canela molida

½ cucharadita de guindilla en copos

600 g de langostinos grandes crudos y pelados

pimienta negra recién molida

60 g de mantequilla

❋ Ponga a fuego medio una cacerola grande con tapa. Llénela de agua hirviendo y eche el arroz con un puñado generoso de sal. Déjelo cocer entre 6 y 8 minutos. Observará que el arroz está medio hecho cuando los granos adquieran un color blanco más intenso, se alarguen ligeramente y comiencen a ablandarse.

❋ Eche el arroz en un colador y enjuáguelo de inmediato bajo un chorro de agua fría durante un par de minutos para retirar el exceso de almidón. Forre el fondo de la cacerola que ha utilizado antes con un poco de papel antiadherente (*véase la sugerencia de la pág. 59*) y reserve.

❋ Ponga a fuego medio una sartén grande, eche una buena cantidad de aceite y fría los ajos durante unos 30 segundos, luego añada el jengibre fresco rallado y el seco, el comino, las hojas de fenogreco, la guindilla en copos, y remueva bien. Incorpore los langostinos y déjelos cocer durante menos de un minuto o hasta que comiencen a adquirir un tono rosado. A continuación, retire la sartén del fuego, sazone con sal y pimienta, y remueva el sofrito una vez más.

❋ Ponga de nuevo la cacerola con el fondo forrado de papel sobre el quemador y eche un buen chorro de aceite junto con la mantequilla. Esparza por encima un par de pellizcos de sal y cubra con una buena capa de arroz el fondo de la cacerola.

✢ A continuación, vaya alternando capas del sofrito y del arroz para terminar con una capa final de arroz (aunque sea escasa). Con el mango de una cuchara de madera, forme 5 huecos en el arroz, hasta el fondo de la cacerola, para que el vapor pueda salir. Envuelva la tapa en un trapo de cocina (para impedir que salga el vapor y quede cerrada herméticamente), tape la cacerola y cocine el arroz durante unos 40 minutos con el fuego al mínimo si tiene cocina de gas o a fuego medio si es eléctrica. A la hora de servir, voltee directamente la cacerola sobre un plato o vierta el contenido en una fuente. A continuación, despegue el *tahdig* crujiente del fondo (*véase la pág. 59*) y sírvalo por encima del arroz.

Biryani de cordero

El *biryani* es un plato creado para un rey, y sus orígenes persas están más que acreditados. Las finísimas capas de arroz entre las que se intercalan especias y carne constituyen un método persa de cocción conocido como *dam pokht* (o *dum pukht*, en India), que significa «cocinado al vapor». Hay muchas interpretaciones del *biryani* desde India hasta Pakistán, pero la más auténtica no lleva guindilla en absoluto; sólo especias aromáticas como el azafrán persa. Mi entrañable amiga Asma Khan es la reina del *biryani*. Con su amabilidad habitual, Asma ha compartido conmigo parte de su sabiduría sobre el *biryani*, por lo que me siento orgullosa de poner a su disposición una versión simplificada de este famosísimo plato.

PARA 6-8 PERSONAS

aceite de girasol

6 cebollas grandes

800 g de cuello de cordero deshuesado, en trozos de 2,5 cm

1 cucharada de vainas de cardamomo verde

6 vainas de cardamomo negro

4 hojas de laurel

2 cucharaditas de cúrcuma molida

2 cucharadas de comino en grano

4 ramas de canela de 7 cm aprox.

200 g de yogur griego

sal

600 g de arroz basmati

dos pellizcos generosos de hebras de azafrán (opcional)

2 cucharaditas de agua hirviendo

125 g de mantequilla

✳ Ponga una cacerola grande con tapa a fuego medio y vierta 250 ml de aceite de girasol. Corte 4 de las cebollas por la mitad y luego en rodajas de unos 5 mm. Fría la cebolla en el aceite (debe haber aceite suficiente para cubrirlas, de modo que añada más si es necesario), remuévalas cada pocos minutos, hasta que estén bien doradas y crujientes. Sáquelas con una espumadera y resérvelas en un plato con papel de cocina.

✳ Retire casi todo el aceite, dejando sólo lo suficiente para que cubra el fondo de la cacerola. Pique gruesas las otras dos cebollas que quedan y sofríalas a fuego medio hasta que se pongan transparentes. Eche el cordero y sofríalo hasta que comience a estar dorado. Añada las vainas de cardamomo verde y negro, las hojas de laurel, la cúrcuma, el comino y las ramas de canela, y remueva bien. Vierta encima el agua hirviendo necesaria para cubrir apenas el cordero, baje el fuego y cueza durante una hora y media o hasta que la carne esté tierna. Déjela enfriar y, a continuación, añada el yogur y sazone bien de sal, mezcle y reserve.

✳ Ponga a fuego medio una cacerola grande. Llénela de agua hirviendo y añada el arroz con un buen puñado de sal. Déjelo hervir entre 6 y 8 minutos o hasta que el arroz esté medio hervido. Sabrá que está precocido cuando los granos adquieran un blanco más brillante, se alarguen ligeramente y comiencen a estar tiernos.

✣ Escurra el arroz y enjuáguelo de inmediato bajo un chorro de agua fría durante un par de minutos. Forre el fondo de la cacerola que ha utilizado para precocer el arroz con un poco de papel de horno antiadherente (*véase la sugerencia de la pág. 59*) y reserve.

✣ Maje en el mortero las hebras de azafrán (opcional) y eche por encima las dos cucharaditas de agua hirviendo. Deje en infusión. Vuelva a poner la cacerola sobre el quemador y eche un buen chorro de aceite y un par de trozos grandes de mantequilla. Añada una cucharada de sal. Luego esparza por encima arroz suficiente para cubrir el fondo de la cacerola. Rocíe sobre esta capa de arroz un poco del agua de azafrán (opcional). Divida el cordero marinado en yogur y sofrito en dos partes. Extienda una de las partes en la cacerola, cubra con otra capa fina de arroz y rocíe un poco más de agua de azafrán (opcional). A continuación, extienda por encima una generosa capa de cebollas crujientes y trocitos de mantequilla. Siga haciendo capas hasta que el arroz, el cordero, las cebollas crujientes y la mantequilla se terminen.

✣ Envuelva la tapa de la cacerola en un trapo de cocina, tápela y cueza el arroz a la temperatura más baja posible entre 30 y 45 minutos o hasta que el arroz esté cocido. A la hora de servir, vierta el contenido en una fuente. A continuación, despegue el *tahdig* crujiente del fondo (*véase la pág. 59*) y sírvalo por encima del arroz.

Sopas, estofados y tajines

Bamia

En mi opinión, el ocra (también conocido como «gombo», «quimbombó» y «quingombó») se ha ganado en los últimos tiempos una reputación malísima porque, siendo como es muy popular en la cocina afrocaribeña, en la India y en la de los países de Oriente Próximo, a veces se cocina en exceso o sin añadirle aroma alguno, por lo que al final resulta un potaje más bien insulso. Yo me crié, sin embargo, comiéndolo en un estofado de cocción lenta de carne con tomate, bien especiada con dientes de ajo enteros y presentada en montoncitos sobre el arroz cocinado al vapor, y lo cierto es que me encanta. ¿Por qué no iba a gustarme? Cuando se cocina bien, el ocra es riquísimo.

PARA 8 PERSONAS

aceite de oliva

1 kg de cuello de cordero en filetes de 2,5 cm (opcional)

1 kg de tomates cortados por la mitad y sin semillas

2-3 cabezas de ajo peladas y cortadas en láminas finas

5 cucharaditas de comino molido

2 cucharaditas de canela molida

4 cucharaditas de sal gruesa

2 cucharaditas de azúcar

800 g de tomate troceado en conserva

700 g de ocras (frescos o congelados; cuanto más pequeños, mejor)

✳ Ponga a fuego medio una cacerola grande y honda con tapa y eche el aceite suficiente para cubrir con generosidad el fondo. Si va a echar cordero, sofría primero los filetes para sellar la carne y hasta que se dore (lo que llevará más o menos 8 minutos por cada lado), sáquelos de la cazuela y reserve.

✳ Despepite los tomates exprimiéndolos con fuerza y colóquelos con el corte hacia abajo en la cazuela. Añada el ajo y agite el recipiente. Luego deje que se cocinen entre 6 y 8 minutos o hasta que los tomates estén suaves y la piel se haya desprendido. Remueva y añada las especias, la sal, el azúcar y mézclelo todo bien. Cocine durante otros 5 minutos y agregue el tomate troceado y un poco más de aceite de oliva. Revuelva otra vez, póngalo a fuego bajo y devuelva el cordero a la cacerola (opcional). Tápela y deje cocer lentamente el estofado durante una hora y media, removiendo cada 20 minutos más o menos para evitar que se pegue.

✳ Una vez pasado el tiempo de cocción, pruebe la salsa y rectifique de sal si es necesario. Añada el ocra a la cacerola y mezcle con suavidad para conseguir que quede todo cubierto con un poco de salsa. Cocine aún unos 30 minutos más, sin tapar, removiendo con suavidad de vez en cuando para que la cocción sea uniforme. Si lo desea, puede servirlo acompañado de arroz.

Sopa de verduras especiada

Esta sopa es mucho más que un simple caldo: es una comida reconfortante, fantástica, y una forma estupenda de comer verduras. No existen reglas para hacerla; lo único que debe saber es que puede echarle casi todo cuanto encuentre en la despensa y el frigorífico.

PARA 4 PERSONAS COMO ENTRANTE

aceite de oliva

750 g de calabaza violín en dados de 4 cm

2 cebollas grandes o 3 pequeñas en dados, más 1 cebolla grande cortada por la mitad y en rodajas finas

3 dientes de ajo grandes majados

3 puerros limpios, lavados y bien picados

3 patatas sin pelar en dados de 4 cm aprox.

5 tomates en rama maduros, en dados

4 cucharaditas colmadas de comino molido

1 cucharadita colmada de canela molida

2 cucharaditas de pimentón dulce ahumado

3 cucharaditas de pasta de chile

sal y pimienta negra recién molida

800 g de garbanzos en conserva (reserve el líquido y 2 puñados de garbanzos enteros para decorar)

1 calabacín grande bien picado

100 g de queso feta

Para el aceite de hierbas aromáticas

6 cucharadas de aceite de oliva

un buen puñado de perejil

un buen puñado de eneldo

un buen puñado de cilantro, y un poco más picado para decorar

un puñado de pistachos

un chorrito de zumo de limón

✻ Ponga una cacerola grande a fuego medio y vierta el aceite suficiente para cubrir con generosidad el fondo. Una vez caliente, eche la calabaza, las cebollas troceadas, los ajos, los puerros y las patatas, y sofríalo todo hasta que las verduras se ablanden ligeramente. Añada entonces los tomates, las especias y la pasta de chile, y mézclelo todo bien. A continuación, cubra las verduras con agua hirviendo y agregue, al menos, unas 4 cucharaditas colmadas de sal y otra de pimienta negra, remueva y deje hervir a fuego lento durante unos 30 minutos.

✻ Pinche la calabaza con un cuchillo y, cuando esté tierna, tritúrelo todo en un robot de cocina o con la ayuda de una batidora, hasta que consiga una sopa de textura suave y uniforme. A continuación, añada los garbanzos y el líquido de la conserva y remueva bien. En este momento puede añadir también un poco más de agua si lo desea y rectificar de sal o de pimienta. Deje cocer aún otros 20 minutos, agregue el calabacín y continúe con la cocción durante unos 20 minutos más antes de servir.

✻ Mientras tanto, eche en una sartén grande un poco de aceite de oliva y sofría la cebolla en rodajas hasta que esté dorada. Eche los garbanzos que ha reservado y dórelos junto con las cebollas. Retírelo y reserve.

✻ Para preparar el aceite de hierbas aromáticas, eche en un cuenco el aceite de oliva, el perejil, el eneldo, el cilantro junto con los pistachos, el zumo de limón y un poco de sal y pimienta y tritúrelo todo con una batidora de mano hasta obtener la consistencia de un pesto. Si no desea que quede tan espeso, añada un poco más de aceite.

✻ Sirva la sopa en tazones grandes y desmenuce encima el queso feta. Riegue cada uno de los tazones con un par de cucharadas del aceite de hierbas aromáticas y termine con las cebollas y los garbanzos fritos que ha reservado. Decore con un poco de cilantro bien picado (opcional). Sirva con un pan de costra crujiente bien sabroso.

Tajín de pollo con limón en conserva y aceitunas

Ésta es la receta más clásica de tajín, que también da nombre al recipiente de barro cocido con tapa cónica en el que se prepara. Este estofado se elabora con una fórmula que incluye carnes, aves o verduras especiadas, hierbas aromáticas y en ocasiones frutas y frutos secos. Aunque tengo uno de estos recipientes en casa, prefiero preparar los tajines en una cazuela convencional, puesto que cumple la misma función y es más práctico.

PARA 4-6 PERSONAS

aceite de oliva

50 g de mantequilla

2 cebollas grandes picadas gruesas

4 dientes de ajo grandes pelados y cortados en láminas finas

1 cucharadita de cilantro molido

1 cucharadita de jengibre molido

8 contramuslos de pollo grandes con el hueso y sin la piel

un pellizco de hebras de azafrán

2 cucharaditas de agua hirviendo

sal y pimienta negra recién molida

200 g de aceitunas verdes sin hueso

6 limones en conserva cortados por la mitad o en rodajas

20 g de perejil (sólo las hojas) picado

※ En una cacerola grande con tapa caliente a fuego medio un buen chorro de aceite con la mantequilla. Eche las cebollas y sofríalas durante un par de minutos. Añada entonces el ajo y las especias secas y remueva bien. Introduzca los contramuslos de pollo y continúe la cocción durante 5 minutos por cada lado, para sellarlos.

※ Maje el azafrán en el mortero y eche encima el agua hirviendo para dejarlo en infusión durante 1 o 2 minutos. Vierta el agua de azafrán en la cacerola con el pollo y sazone con una buena cantidad de sal y pimienta negra. Añada el agua suficiente para cubrir apenas los contramuslos, tape y deje cocer durante 2 horas.

※ Cuando haya transcurrido el tiempo de cocción, eche las aceitunas y las rodajas de limón en conserva y remueva ligeramente, vuelva a tapar la cacerola y deje al fuego durante otros 15 minutos. Retire el tajín del fuego, espolvoree con el perejil picado grueso y sirva. Puede servirlo acompañado de cuscús, arroz, patatas o pan.

※ Sugerencia

Para hacer en casa limones en conserva, escoja 10 o 15 limones pequeños y restriéguelos bien hasta que queden limpios. Córtelos por la mitad o en rodajas finas e introdúzcalos en frascos de cierre hermético esterilizados con 250 g de sal. Añada otra capa de sal por encima y cierre los frascos. Consérvelos en un lugar fresco y seco durante 3 meses, dándoles la vuelta todos los días. Asegúrese de que siempre haya una capa de sal en el fondo del frasco y añada más si es necesario. Los limones adquirirán un tono dorado cuando estén a punto para su consumo. Una vez abierto el frasco, consérvelo en el frigorífico y rellénelo con aceite de oliva después de sacar alguno.

Pollo al estilo persa con azafrán, hinojo y agracejo

La verdad es que el hinojo no es un vegetal que se utilice habitualmente para los estofados en Persia, pero a mí me encanta el sabor que da a este plato, ya que absorbe el caldo del pollo, perfumado con azafrán, y adquiere aromas dulces y suaves. Pienso que un estofado de pollo hay que hacerlo siempre con los huesos, puesto que es donde está el sabor. Si los contramuslos se cocinan durante el tiempo suficiente, la carne se separa fácilmente de los huesos, de modo que éstos pueden retirarse antes de servir. En este particular estofado se aprecia un maravilloso contraste entre el dulzor suave y los diminutos estallidos de acidez de las bayas de agracejo.

PARA 4-6 PERSONAS

aceite de oliva

2 cebollas grandes o 3 pequeñas picadas gruesas

8 contramuslos de pollo grandes con el hueso y sin la piel

un pellizco generoso de hebras de azafrán

2 cucharaditas colmadas de comino molido

½ cucharadita de canela molida

el zumo de 2 naranjas

sal y pimienta negra recién molida

2 bulbos grandes de hinojo limpios y en cuartos

3 cucharadas de miel líquida

2 puñados generosos de bayas de agracejo

✳ Ponga una cacerola grande con tapa a fuego medio y vierta unas 4 cucharadas de aceite de oliva. Sofría las cebollas hasta que estén transparentes y comiencen a dorarse ligeramente por los bordes. Introduzca los contramuslos de pollo y cúbralos con el sofrito de cebolla. Sofría hasta que el pollo adquiera un dorado ligero.

✳ Maje el azafrán en el mortero (o con los dedos mientras lo esparce dentro de la cacerola) y añádalo al pollo, removiendo para que los contramuslos se rebocen bien en las cebollas con azafrán. Finalmente, agregue el comino, la canela, el zumo de naranja y una buena cantidad de sal y pimienta negra y revuelva el guiso una última vez.

✳ Vierta encima la cantidad necesaria de agua hirviendo para cubrir el pollo y luego añada los bulbos de hinojo en cuartos y la miel. Tape la cacerola, baje el fuego al mínimo y deje cocer lentamente durante una hora, removiendo sólo a los 30 minutos para evitar que se pegue. Cuando haya transcurrido el tiempo de cocción, añada los agracejos y vuelva a remover con suavidad, tape de nuevo y cocine aún durante otra hora. Cuanto más despacio y más tiempo cocine este plato, más rico y sabroso estará.

✳ Pasadas las 2 horas largas de cocción, compruebe que el pollo y el hinojo están aún enteros y deles una vuelta con cuidado. Tape de nuevo y deje cocinar durante 20 minutos más, para servir a continuación con arroz basmati.

Estofado de pollo con nuez y granada
Khoresh-e-fesenjan

Khoresh es la palabra persa para «estofado». *Fesenjan* es un estofado suculento y brillante con nueces y melaza de granada que suele prepararse sobre todo con pollo, pato o albóndigas de carne de cordero lechal. El aroma es profundo y sabroso, con una acidez deliciosa y elegante que contrasta muy bien con la untuosidad del plato. Es una receta muy popular en Irán, y su naturaleza agridulce lo ha convertido en uno de los estofados más apreciados.

PARA 6-8 PERSONAS

- aceite de girasol
- 2 cebollas grandes en dados
- 1 cucharada rasa de harina de trigo
- 600 g de nueces molidas finas en un robot de cocina
- 8 contramuslos de pollo con el hueso y sin la piel
- sal y pimienta negra recién molida
- 1,2 l de agua fría
- 3 cucharadas de azúcar
- 450 ml de melaza de granada
- los granos de 1 granada, para servir

✻ Ponga a fuego medio dos cacerolas grandes con tapa y vierta 3 cucharadas de aceite de girasol en una de ellas. Sofría las cebollas hasta que estén bien transparentes y ligeramente doradas.

✻ En la otra cacerola, tueste la harina hasta que adquiera un tono beige claro. Añada las nueces molidas y siga sofriendo bien.

✻ Una vez que las cebollas estén doradas, sazone el pollo por todas sus caras con sal y pimienta e introdúzcalo en la cacerola de las cebollas. Suba el fuego y remueva bien para que los contramuslos se sellen por todas sus caras. Cuando estén ligeramente dorados, apague el fuego y reserve.

✻ Añada el agua a la cacerola que contiene las nueces, revuelva muy bien y espere a que comience a hervir, luego cubra con la tapa y deje cocer a fuego medio durante una hora. Estará en su punto cuando vea subir a la superficie los aceites naturales de las nueces.

✻ A continuación, agregue a las nueces el azúcar y la melaza de granada y remueva sin parar durante un minuto o hasta que la melaza se haya disuelto por completo. Introduzca luego el pollo y las cebollas en la salsa de nueces y granada, tape y deje cocer durante unas 2 horas, removiendo cada 30 minutos para que no se pegue. Una vez acabada la cocción, el guiso será crémoso, oscuro y parecido al chocolate. Sirva con unos granos de granada y acompañado de arroz basmati.

Tajín
de cordero y verdura

Este delicioso tajín no sólo es abundante en carne, sino también en verduras, que contrarrestan muy bien un plato de cordero que de otro modo resultaría excesivamente pesado. En la cultura marroquí, las verduras tienen el mismo valor que la carne. Este plato en particular constituye una comida completa en sí mismo, y puede comerse sin acompañamiento. La paletilla de cordero destila multitud de aromas en el guiso a través de su alto contenido en grasa y, con una cocción lenta, la carne queda tan tierna que casi se deshace. Me encanta aplastar las verduras en el plato y regarlas con la salsa... me parece sencillamente exquisito.

PARA 6 PERSONAS

aceite de oliva

1 cebolla grande cortada en dados grandes

2 cucharaditas de jengibre molido

2 cucharaditas de comino en grano

2 cucharaditas de cúrcuma molida

½ cucharadita de nuez moscada molida

½ cucharadita de pimienta de Cayena

½ cucharadita de pimienta de Java

1 kg de paletilla de cordero deshuesada y cortada en 8 o 10 trozos

un pellizco de hebras de azafrán

2 cucharadas de agua hirviendo

sal y pimienta negra recién molida

6 nabos pequeños pelados y en cuartos

6 zanahorias cortadas en 3 trozos

8-10 chalotas peladas y enteras

5 calabacines cortados en 3 trozos

aceite de argán (o aceite de oliva)

✳ Ponga una cacerola grande a fuego medio, eche un buen chorro de aceite y fría la cebolla durante un par de minutos. Añada todas las especias secas, excepto el azafrán, y luego los trozos de cordero, para sellarlos durante 5 o 6 minutos por cada lado, justo para darles una pizca de color.

✳ Maje el azafrán en el mortero y vierta encima el agua hirviendo, para dejar en infusión durante 1 o 2 minutos. Eche a continuación el agua de azafrán en la cacerola y sazone con una buena cantidad de sal y pimienta negra. Añada el agua necesaria para cubrir apenas la carne, tape y deje cocer a fuego más bien bajo durante 3 horas.

✳ Una vez transcurrido el tiempo de cocción, añada los nabos, las zanahorias y las chalotas y empújelos hacia abajo hasta casi sumergirlos en el líquido. Agregue más agua si fuera necesario (pero sólo la suficiente para que apenas cubra el contenido), vuelva a tapar la cacerola y deje cocer otros 45 minutos.

✳ Coloque los calabacines encima del tajín (sin que queden sumergidos en la salsa), tape de nuevo la cacerola para seguir con la cocción otros 30 minutos o hasta que los calabacines estén en su punto. Sirva el tajín en una fuente grande, riegue con un poco de aceite de argán y deguste de inmediato, solo o acompañado de cuscús, arroz, patatas o pan.

Tajín de jarrete de cordero con ajo negro y tomate

En el preciso momento en que me dieron a conocer el ajo negro en uno de mis primeros *supper clubs*, caí rendida a su dulzor extraordinario. Se trata del ajo de toda la vida cocido muy lentamente en el horno durante un tiempo prolongado hasta que sus dientes se caramelizan y adquieren un color negro azabache, sin llegar a quemarse, lo que les da un dulzor muy intenso y los hace suaves y riquísimos. Puede comerlos tal cual (lo que suelo hacer) o utilizarlos para cocinar, puesto que aportan a los platos profundidad. Este tajín resulta ideal para cualquier cena y es una receta de mi exclusiva autoría. Me gusta servirlo acompañado de puré de boniato.

PARA 6 PERSONAS

aceite de oliva

2 cebollas grandes cortadas en dados grandes

3 cucharaditas de comino molido

2 cucharaditas de cúrcuma molida

1 cucharadita de canela molida

6 jarretes de cordero

sal y pimienta negra recién molida

2 hojas de laurel

2 ramitas de tomillo

800 g de tomate troceado en conserva

6 tomates grandes cortados por la mitad

4 cucharadas de reducción de vinagre balsámico

2 cabezas de ajo negro peladas

✳ Ponga a fuego medio una cacerola grande con tapa y eche un buen chorro de aceite de oliva. Fría las cebollas durante un par de minutos, para añadir a continuación las especias secas, seguidas de los jarretes de cordero, y remueva todo bien. Selle los jarretes por todas sus caras hasta que estén ligeramente dorados. Ponga encima de la carne el sofrito de cebolla y especias, y sazone bien con sal y pimienta negra. A continuación, agregue las hojas de laurel, el tomillo, los tomates en conserva y los frescos y la reducción de vinagre balsámico, y termine vertiendo agua suficiente para cubrir apenas la carne. Reduzca el fuego a medio-bajo, tape la cacerola y cocínelo durante 2 horas, removiendo suavemente cada 30 minutos para evitar que se pegue.

✳ Una vez transcurrido el tiempo de cocción, incorpore a la cacerola los dientes de ajo negro, hundiéndolos en la salsa. Vierta un poco más de agua, si es necesario, y deje cocinar durante una hora más sin tapar antes de servir.

Estofado persa de cordero con lima y guisantes secos
Khoresh-e-gheymeh

Este estofado, conocido como *khoresh-e-gheymeh*, es uno de los más renombrados de Irán y uno de los más sencillos de preparar. Es estupendo para aquellos que aún no hayan probado la comida persa, puesto que el tomate de la salsa lo convierte en algo más familiar que algunos de nuestros otros guisos más auténticos. El único elemento exótico es quizá la acidez espléndida que aportan al plato las limas secas de Omán. Hay otras variantes que se preparan con berenjenas y, en último caso, puede acompañarse con patatas cortadas en rodajas finas y fritas; sí, como chips. Puede parecer raro, pero lo cierto es que están riquísimas por encima del estofado.

PARA 6-8 PERSONAS

3 cucharadas de aceite de oliva

3 cebollas pequeñas o 2 grandes cortadas en dados grandes

1 kg de cuello de cordero deshuesado y cortado en trozos de 2,5 cm

2 cucharaditas colmadas de cúrcuma molida

dos pellizcos generosos de hebras de azafrán

1 cucharadita de canela molida

150 g de concentrado de tomate

sal y pimienta negra recién molida

8 limas de Omán secas enteras (en tiendas persas y de Oriente Próximo) o limones en conserva

200 g de guisantes amarillos secos

✳ Ponga a fuego medio una cacerola de fondo grueso, eche el aceite y las cebollas troceadas y sofríalas hasta que estén suaves, transparentes y bien hechas. Suba el fuego, añada el cordero y sofríalo durante unos 5 minutos, removiendo constantemente para evitar que se recueza.

✳ Eche a continuación la cúrcuma por encima de la carne y repita la misma operación con el azafrán y la canela. Agregue el concentrado de tomate, la sal y la pimienta negra, remueva y deje cocinar durante un minuto.

✳ Pinche las limas secas varias veces con un tenedor y añádalas a la cacerola. Luego vierta la cantidad de agua fría necesaria para cubrir apenas el contenido. Remueva bien, baje el fuego al mínimo y cocine lentamente durante una hora y media. A continuación, añada los guisantes amarillos secos, pruebe y rectifique de sal si es necesario y cocine durante una hora más. Sirva acompañado de arroz basmati.

✳ **Sugerencia**

Este estofado sabe mucho mejor al día siguiente, cuando, como decimos los persas, *jaa oftadeh*, lo que significa que «se ha asentado», es decir, que los aromas y los sabores se han unido en una salsa sabrosa y espesa. ¡El único problema que se le planteará es que puede que no sea capaz de esperar tanto! Si consigue ser paciente, vierta una taza de agua hirviendo mientras recalienta el estofado.

Estofado especiado de cordero y orejón de albaricoque

Los estofados persas pueden prepararse con cualquier combinación de carne y verduras disponibles, e incluso con frutas. Mezclar la carne con frutas es una costumbre muy propia de nuestro país, que se ha extendido con éxito a las cocinas tanto de India como del norte de África. Cuando cocino este plato acompañada por alguien, siempre pienso que me preguntarán si no me he pasado con las especias. Sin embargo, antes de que lo hagan, éstas se unen como por arte de magia para dar lugar a un estofado perfectamente equilibrado en aromas, con los orejones bien hidratados, como si hubieran recobrado la vida para recuperar el sabor de cuando eran frescos.

PARA 6 PERSONAS

aceite de girasol

2 cebollas grandes cortadas en dados grandes

600-800 g de cuello de cordero (o una pierna deshuesada y troceada o 6 jarretes de cordero) en dados de 2,5 cm

2 cucharaditas colmadas de comino molido

1 cucharadita colmada de canela molida

1 cucharadita colmada de cúrcuma molida

sal

2 cucharadas generosas de miel

250 g de orejones de albaricoque

✳ Ponga una cacerola a fuego medio si su cocina es de gas o a fuego medio-vivo si es eléctrica. Vierta el aceite necesario para cubrir el fondo, añada las cebollas y sofríalas hasta que empiecen a dorarse. Incorpore el cordero a la cacerola y mézclelo con las cebollas, sin dejar de remover para que la carne se dore pero no se recueza.

✳ Incorpore a continuación las especias y la sal y revuelva para cubrir con ellas toda la carne. Vierta encima la miel y remueva otra vez. Añada la cantidad de agua hirviendo necesaria para cubrir los ingredientes, baje el fuego al mínimo y deje cocer a fuego lento durante una hora y tres cuartos. Remueva a menudo para evitar que se pegue.

✳ Una vez que el tiempo de cocción haya transcurrido, eche los orejones en la cacerola, remueva y déjelo cocer durante 45 minutos más. Sirva acompañado de arroz basmati o pan plano persa (*véase la pág. 55*).

Tajín de cordero, calabaza violín, ciruelas pasas y tamarindo

Este estofado esconde muchas influencias del Imperio persa, como la mezcla de carne o aves con frutas y frutos secos. Está especiado de forma tan maravillosa que evoca todos los aromas de un zoco o de un bazar de especias.

PARA 6 PERSONAS

aceite de girasol

2 cebollas cortadas en dados grandes

600-800 g de cuello de cordero cortado en dados de 4 cm (o una pierna deshuesada y troceada o 6 jarretes de cordero)

2 cucharaditas de comino molido

1 cucharadita de canela molida

1 cucharadita de cúrcuma molida

sal

2 cucharadas de pasta de tamarindo

2 cucharadas colmadas de miel

1 calabaza violín pequeña, pelada, sin semillas y cortada en dados de 5 cm

2 puñados generosos de ciruelas pasas deshuesadas

❋ Ponga una cacerola grande a fuego medio si su cocina es de gas o a fuego medio-vivo si es eléctrica. Vierta el suficiente aceite para cubrir el fondo, añada las cebollas y sofríalas hasta que comiencen a dorarse. Incorpore el cordero a la cacerola y mézclelo con las cebollas, sin dejar de remover para que la carne se dore pero no se recueza.

❋ Eche a continuación las especias y una cantidad generosa de sal. Revuelva otra vez para repartirla bien y vuelva a remover después de agregar el tamarindo y la miel a la cacerola. A continuación, vierta la cantidad de agua hirviendo necesaria para cubrir el contenido, ponga a fuego bajo si su cocina es de gas o medio si es eléctrica. Deje cocinar suavemente durante una hora y media, sin dejar de remover a menudo para evitar que se pegue.

❋ Cuando haya transcurrido el tiempo de cocción, añada la calabaza en dados, dé otra vuelta y cubra con otro poco de agua hirviendo para que el contenido de la cacerola quede de nuevo cubierto. Permita que la cocción continúe durante otros 30 minutos, momento en el que deberá agregar las ciruelas pasas, probar y rectificar de sal, si es necesario. Deje cocer a fuego suave durante 30 minutos más. Sirva acompañado de arroz basmati o pan plano persa (*véase la pág. 55*).

Sopa de granada con albóndigas de carne
Ash-e anar

Ésta es una de las sopas preferidas de mi familia. De hecho, es más bien un plato completo. Si lo desea, puede suprimir las albóndigas de carne y optar por una versión vegetariana. En Irán se prepara de las dos formas, y ambas son igual de ricas, aunque la más corriente entre los persas es la que lleva carne, porque… ¡nos encantan las albóndigas!

PARA 4 PERSONAS

aceite de oliva

3 cebollas grandes, 2 de ellas picadas gruesas y 1 picada fina o rallada

4 dientes de ajo grandes majados

85 g de guisantes secos amarillos

2 l de agua

1 cucharadita colmada de sal gruesa y un poco más para las albóndigas

½ cucharadita de pimienta negra recién molida y un poco más para las albóndigas

1 cucharadita de cúrcuma molida

1 manojo grande de perejil (hojas y tallos) picado grueso

1 manojo grande de cilantro fresco (hojas y tallos) picado grueso

1 manojo pequeño de menta (sólo las hojas) picada

3 manojos pequeños de cebollino picado grueso

400 g de carne de cordero picada (también puede usarse carne picada de ternera o buey)

85 g de arroz basmati

400 ml de zumo de granada

3 cucharaditas de melaza de granada

125 g de azúcar

❋ Ponga a fuego medio-bajo un puchero grande con tapa y vierta un poco de aceite. Eche también las dos cebollas picadas gruesas para que se caramelicen ligeramente. En cuanto comiencen a dorarse, añada el ajo y sofríalo poco a poco junto con las cebollas. Eche los guisantes secos amarillos, vierta el agua y suba el fuego hasta que rompa a hervir. A continuación, baje de nuevo el fuego y tape a medias el puchero, sin encajar del todo la tapa, para que cueza a fuego medio durante unos 30 minutos.

❋ Agregue la sal y la pimienta negra, la cúrcuma y todas las hierbas aromáticas, y cocine otros 20 minutos, sin dejar de remover de vez en cuando para evitar que la sopa se pegue.

❋ Para preparar las albóndigas, mezcle la carne con la cebolla bien picada o rallada y sazone generosamente con sal y pimienta. Forme albóndigas pequeñas de unos 4 cm de diámetro con el picadillo y, a continuación, échelas en el puchero de la sopa junto con el arroz basmati crudo. Tape para que hierva a fuego suave durante 30 minutos.

❋ Añada el zumo, la melaza de granada y el azúcar, y remueva muy bien la sopa. Tape de nuevo a medias el puchero para que continúe la cocción 30 minutos más. Si queda demasiado espesa, añada un poco de agua caliente. También puede corregir la cantidad de azúcar o de melaza de granada.

❋ **Sugerencia**

Sirva la sopa a la manera tradicional con rodajas fritas de cebolla y menta seca. También está deliciosa con granos de granada y perejil y cilantro picados.

Caldereta de marisco con azafrán

Este plato me trae vivos recuerdos del verano. No estoy muy segura de por qué, pero la verdad es que tiendo a prepararlo cuando necesito levantar el ánimo en un día frío. El marisco resulta casi un lujo en la actualidad, pero en esta receta en particular, un poco cunde muchísimo, y la salsa es muy sencilla de preparar, de modo que es un plato estupendo si tiene invitados en casa. Además de espectacular en su presentación, es también fastuoso en cuanto al sabor.

PARA 4 PERSONAS

- 800 g de mejillones
- 400 g de almejas pequeñas
- 4 cucharadas de aceite de oliva
- 4 chalotas grandes cortadas por la mitad a lo largo y en rodajas finas
- 1 cabeza de ajos pelados y aplastados, sin majar
- un buen pellizco de guindilla roja en copos
- dos pellizcos generosos de hebras de azafrán majado en el mortero
- 2 cucharaditas de cúrcuma molida
- 2 cucharaditas colmadas de sal gruesa y un poco más para el remojo
- pimienta negra recién molida
- 700 g de *passata* (salsa concentrada de tomate)
- 400 g de tomates enteros en conserva de buena calidad
- 2 cucharaditas de azúcar
- 12 langostinos tigre (con piel o sin ella)
- 200 g de chipirones cortados en rodajas de 1 cm de grosor
- 8 vieiras sin concha
- 1 manojo grande de perejil (sólo las hojas) bien picado
- un chorrito de zumo de limón

✳ Remoje los mejillones y las almejas en un barreño de agua fría con abundante sal. Esto les hará abrir y cerrar las valvas y expulsarán, así, la arena o las impurezas que puedan tener en su interior.

✳ Ponga a fuego medio-vivo la cacerola con la tapa más grande que pueda encontrar en su cocina. Añada el aceite de oliva y saltee las chalotas durante unos cuantos minutos, incorpore luego el ajo y la guindilla en copos y remueva sin permitir que el ajo se queme. Agregue el azafrán, la cúrcuma, la sal, la pimienta negra y siga removiendo hasta que las especias se hayan mezclado con las chalotas y el ajo. Vierta entonces la *passata* y los tomates enteros en conserva y revuelva bien, para añadir a continuación el azúcar. Baje el fuego al mínimo y deje cocer durante tres cuartos de hora o una hora. Remueva de vez en cuando.

✳ Cuando casi haya terminado el tiempo de cocción, escurra y enjuague los mejillones y las almejas. Retire las barbas de los mejillones y cepíllelos un poco.

✳ Una vez que la salsa se haya reducido, pruebe y rectifique de sal si es necesario. Incorpore entonces los mejillones y las almejas a la cacerola y sacúdala para que todos ellos queden bien cubiertos con la salsa. Tape el recipiente y deje cocer durante 5 minutos, tiempo en el que se abrirán los moluscos. Eche ahora los langostinos y los chipirones, remueva y espere otros 3 o 4 minutos para añadir las vieiras. Remueva por última vez, retire la cacerola del fuego y espolvoree con el perejil picado, pero reserve un poco para el final. Vierta encima un chorrito de zumo de limón y sirva de inmediato adornado con el perejil que ha reservado.

Asados y parrillas

Berenjenas rellenas de cordero, ajo y tomates *Karniyarik*

Este plato turco es conocido como *karniyarik*, que significa «barriga llena», puesto que es justo eso: berenjenas cortadas por la mitad rellenas con carne picada, ajo y tomate. Yo sirvo una mitad a cada uno de mis comensales en mis *supper clubs* turcos y a ellos les encanta; es una ración más que espléndida, llena de sabores.

PARA 6 PERSONAS

aceite de girasol

3 berenjenas grandes con los pedúnculos, cortadas por la mitad a lo largo

2 cebollas grandes cortadas en dados grandes

500 g de carne de cordero picada

4 tomates grandes cortados en dados de 2,5 cm

20 g de perejil (sólo las hojas) bien picado

sal y pimienta negra recién molida

3 pimientos verdes largos turcos o 1 pimiento verde grande, limpios, sin semillas y cortados en tiras de 4 mm de ancho

❋ Ponga a fuego medio una sartén grande y eche una buena cantidad de aceite de girasol. Fría las berenjenas con la cara del corte hacia abajo durante 8 o 10 minutos, para que no lleguen a ennegrecerse. Deles la vuelta y fríalas otros 8 minutos más o menos por el otro lado. Una vez hechas, colóquelas en una fuente cubierta con papel de cocina para que absorba el exceso de aceite.

❋ Suba un poco el fuego y sofría las cebollas en la misma sartén hasta que comiencen a dorarse. A continuación, incorpore el cordero y siga sofriendo al tiempo que remueve para evitar que la carne se recueza. Cuando se haya dorado, añada 3 de los tomates troceados, el perejil y unos buenos pellizcos de sal y pimienta negra, remueva el contenido de la sartén por última vez y retírela del fuego.

❋ Precaliente el horno a 180° C. Elija una bandeja de horno lo suficientemente grande como para albergar todas las mitades de berenjena.

❋ Con un cuchillo, corte la pulpa de las berenjenas, dejando un borde de 1 cm aproximadamente por los costados y en la base. Con la ayuda de una cuchara, aplástela para formar un hueco. Reparta el sofrito del relleno entre las mitades de berenjena, apilando sin miedo lo que haga falta. Remate cada una de las mitades con el último tomate en dados y las tiras de pimiento verde, y colóquelas en la bandeja de horno. Vierta por encima de cada una de ellas un poco de agua y hornee entre 20 y 25 minutos o hasta que el pimiento se haya dorado ligeramente. Sirva de inmediato.

Filetes de pollo con azafrán y romero

En realidad, esta receta no es del todo tradicional, puesto que en Oriente Próximo no utilizamos el romero, pero yo lo he incluido en mi colección de «aquellas cosas que encuentro en la despensa de mi cocina», que es de donde suelen provenir mis mejores platos. Tal vez le extrañe encontrar en la misma receta romero y azafrán, pero no se preocupe, la mezcla funciona a la perfección y da al pollo un aroma soberbio, que completa muy bien el toque intenso del ajo.

PARA 4 PERSONAS

dos pellizcos generosos de hebras de azafrán

2 cucharadas de agua hirviendo

600 g de solomillos de pollo (o pechugas sin huesos ni piel) en tiras anchas

40 g de romero (sólo las hojas) bien picado

2 cucharadas de aceite de ajo

2 cucharaditas colmadas de sal gruesa

pimienta negra recién molida

aceite de girasol

✳ Maje el azafrán en un mortero y a continuación agregue el agua hirviendo, para dejar en infusión por lo menos durante 20 minutos o hasta que el agua se haya enfriado y adquirido un color rojo muy intenso.

✳ Coloque los filetes de pollo en un cuenco y vierta encima el aceite de ajo, el romero bien picado, sal, pimienta negra en abundancia y, por último, el agua de azafrán. Revuelva bien para que toda la carne quede impregnada con la marinada, cubra el cuenco con film transparente y deje en el frigorífico durante una hora más o menos.

✳ Ponga a fuego medio-vivo una sartén grande, eche un poco de aceite y, sin cargar mucho la sartén, fría los filetes durante 3 o 4 minutos por cada lado hasta que se les forme una costra dorada y estén bien hechos. Sírvalos bien calientes acompañados de una ensalada, como, por ejemplo, la *fatush* (*véase la pág. 183*), o una de quinua con pistachos tostados, limones en conserva y calabacines (*véase la pág. 168*).

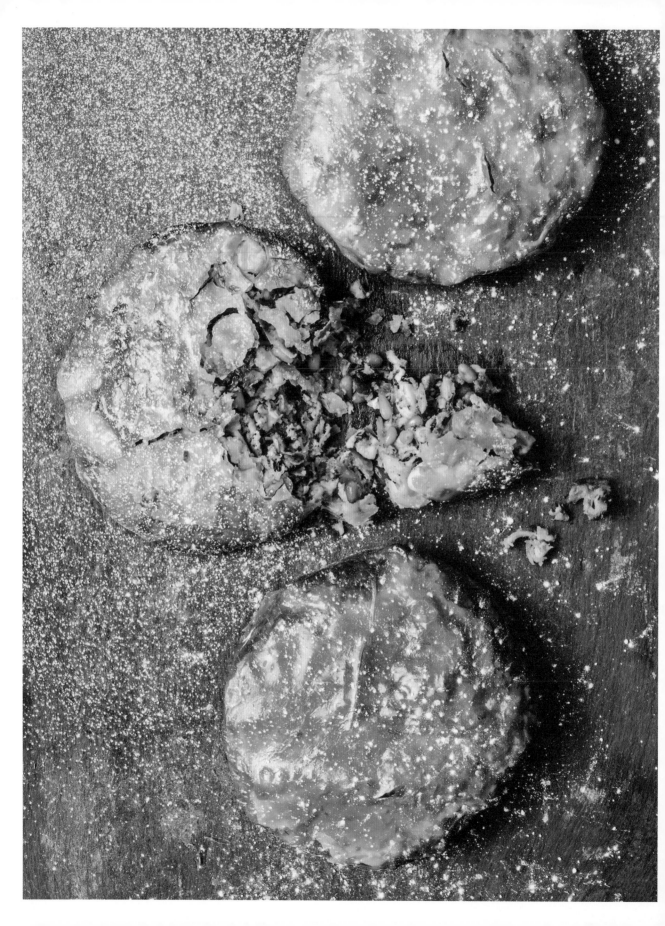

Pastela de pollo

Una pastela es el equivalente a la empanada en el mundo marroquí, pero ¡menuda empanada! Rebosante de los aromas a especias de los zocos y rellena de pollo (en su versión original, con pichón), es un plato fastuoso que se prepara a menudo para los banquetes. El relleno de ave se elabora con una mezcla ya clásica de frutas y frutos secos, de modo que en cada bocado hay tantos aromas, gustos y texturas, que disfrutarlo es un auténtico placer.

PARA 6 PERSONAS

1 kg de cebollas cortadas en dados

aceite de oliva

un trozo de jengibre de 7,5 cm aprox., pelado y rallado

1 cucharadita de canela molida y ½ para decorar

½ cucharadita de macis molida

½ cucharadita de nuez moscada molida

1 cucharada de azúcar

un puñado generoso de dátiles deshuesados y bien picados

½ pollo asado (de unos 2 kg) y bien desmenuzado

75 g de piñones tostados

7 huevos grandes, 6 de ellos cocidos y picados gruesos, y el otro, con la yema y la clara separadas (esta última, semibatida)

20 g de perejil (hojas y tallos) bien picado

20 g de cilantro (hojas y tallos) bien picado

2 cucharadas de miel

sal y pimienta negra recién molida

6 hojas de pasta filo de 48 x 26 cm aprox. cada una

azúcar glas para espolvorear

* Precaliente el horno a 180° C. Forre una bandeja grande de horno con papel antiadherente.

* Ponga a fuego medio una sartén grande con una cantidad generosa de aceite de oliva y sofría las cebollas. Cuando estén doraditas y melosas, añada el jengibre, las especias secas, el azúcar y los dátiles, y remueva bien. Siga sofriendo hasta que no quede líquido alguno. Retire del fuego y reserve.

* Ponga el pollo asado y desmenuzado en un cuenco grande con los piñones, los huevos picados, el perejil, el cilantro y revuélvalo todo junto. A continuación, añada el sofrito de cebolla y miel, y mezcle bien. Sazone abundantemente con sal y pimienta.

* Corte cada hoja de pasta filo por la mitad para hacer dos cuadrados. Coloque un cuadrado cruzado encima de otro, de manera que formen una estrella. Divida en seis porciones el relleno y coloque una de ellas sobre la estrella de masa. Aplaste ligeramente el relleno formando un disco no demasiado extenso y pinte con la clara semibatida los bordes de la masa. A continuación, doble uno a uno los picos hacia el centro, al tiempo que va pintándolos con la clara de huevo, hasta que el último pico cierre por completo el paquete. Dé la vuelta a la pastela y colóquela en la bandeja de horno sobre el papel antiadherente. Repita el proceso hasta acabar con todos los cuadrados de masa y con el relleno para formar seis pastelas iguales. Píntelas después con la yema del huevo y deje que cuezan en el horno entre 20 y 22 minutos o hasta que estén doradas.

* Retire las pastelas del horno y, mientras están aún bien calientes, espolvoréelas con azúcar glas y canela molida.

Burritos de pollo al *ras el hanout*

Me inventé esta receta como alternativa al *shawarma*: es menos grasa y también le gusta a todo el mundo. El ingrediente fundamental es la mezcla de especias *ras el hanout*, que en árabe significa «adalid de las especias». Se prepara mezclando más de doce especias diferentes, entre ellas, comino, pimienta de Java, pétalos de rosa y fenogreco. Es tan polivalente que lo mismo va bien con carne que con pescado o verduras. Pero, ojo, puesto que es muy picante, hay que manejarla con sumo cuidado. Un poco de yogur añade el toque final perfecto a este burrito.

PARA 4-6 PERSONAS

2 cucharadas colmadas de *ras el hanout*

aceite de oliva

4 pechugas grandes de pollo sin huesos ni piel, abiertas por la mitad en su parte gruesa para facilitar la cocción

sal

4-6 tortillas de trigo grandes

1 cebolla roja cortada por la mitad y en rodajas finas

melaza de granada

hojas de rúcula y granos de granada para decorar

Para la salsa de yogur

1 manojo pequeño de menta (sólo las hojas) bien picada

400 g de yogur griego

2 cucharadas de zumaque

sal y pimienta negra recién molida

❋ Mezcle el *ras el hanout* con unas 4 o 5 cucharadas de aceite de oliva en un tazón para hacer una pasta. A continuación, extiéndala cuidadosamente sobre las pechugas de pollo para que queden bien cubiertas. Sazone cada pechuga con un poco de sal y, si dispone de tiempo, cubra con film transparente y deje macerar cuanto pueda (una noche como máximo).

❋ Para hacer la salsa de yogur, eche en un cuenco la menta, el yogur, el zumaque, un buen pellizco de sal y un poco de pimienta negra y revuelva sin parar hasta mezclar bien todos los ingredientes.

❋ Ponga una sartén grande a fuego medio si su cocina es de gas o medio-vivo si es eléctrica y vierta una cantidad generosa de aceite de oliva. Cuando esté caliente, ponga el pollo y fríalo entre 8 y 10 minutos por un lado y entre 6 y 8 por el otro. Para comprobar que está hecho, presione la parte más gruesa de cada pechuga con el dedo. Si cede con facilidad, necesita cocerse aún un poco más, pero si se nota firme, el pollo está ya en su punto.

❋ Disponga las pechugas sobre una tabla de cortar y déjelas reposar unos minutos para que los jugos se repartan de nuevo por la carne, lo que permitirá que esté melosa y tierna. A continuación, córtelas en tiras y coloque unas cuantas sobre cada tortilla junto con algunas rodajas de cebolla. Vierta encima un poco de yogur (unas 3 cucharaditas en cada burrito), riegue con la melaza de granada, adorne con rúcula y sirva.

Pollitos de ración asados con *harissa* y limón en conserva

Algunas de las mejores recetas de mi repertorio se deben a la necesidad de ser práctica, y ésta es una de ellas. La combinación de dos de los ingredientes básicos de la despensa del norte de África, la *harissa* (una pasta de chile muy popular) y los limones en conserva, da lugar a una marinada muy difícil de superar. Los pollitos de ración son muy corrientes en Oriente Próximo, donde tienen un gran éxito por lo tiernos que son y, aún más, porque tardan la mitad de tiempo en cocinarse que un pollo de tamaño estándar. Se trata de la receta perfecta para esas noches en las que llega tarde a casa y quiere tener la cena lista en una hora. El resultado es magnífico, y un pollo por persona es una ración más que generosa.

PARA 4 PERSONAS

8 limones en conserva
(*véase la sugerencia de la pág. 80*)

3 cucharadas de aceite de oliva

3 cucharaditas de sal gruesa

pimienta negra recién molida

90 g de *harissa* con pétalos de rosa

4 pollitos de ración enteros

❋ Con un robot de cocina o una batidora de mano, triture los limones en conserva junto con el aceite de oliva, la sal, la pimienta al gusto y la *harissa* hasta obtener una pasta de una textura uniforme. Vierta la mezcla sobre los pollitos e imprégnelos bien con las manos.

❋ Precaliente el horno a 220° C. Coloque los pollitos en una rustidera grande o una fuente refractaria forrada con papel antiadherente. Áselos entre 45 y 50 minutos o hasta que estén bien hechos y dorados por encima (compruebe que el jugo sale claro cuando se pincha la parte más gruesa del contramuslo). Sirva de inmediato.

❋ **Sugerencia**

Puede dejar preparados los pollos con antelación y asarlos más tarde si lo desea. Sólo tiene que tapar el pollo marinado con film transparente y dejarlo en el frigorífico un día antes, hasta que tenga que cocinarlos.

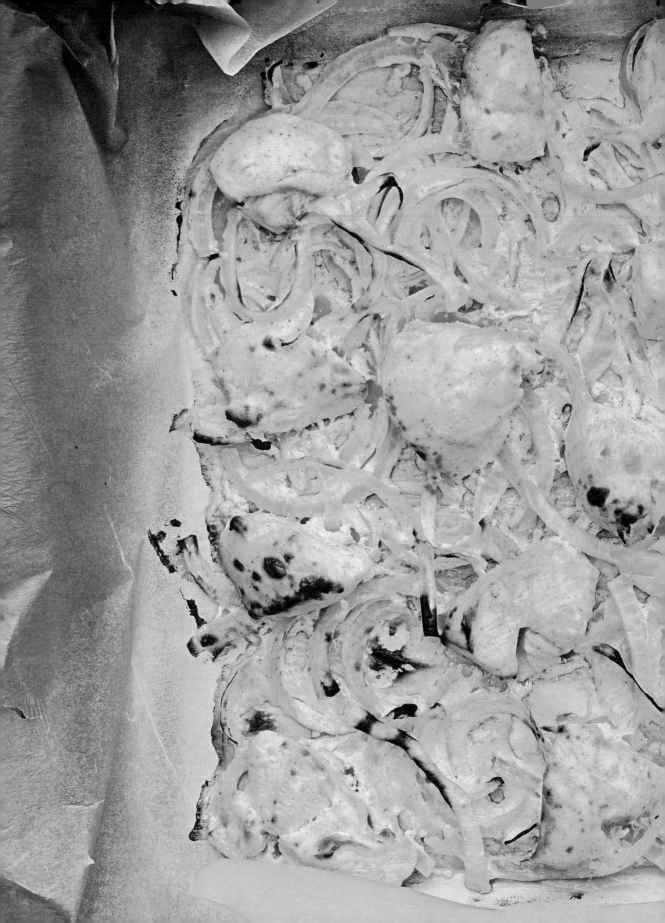

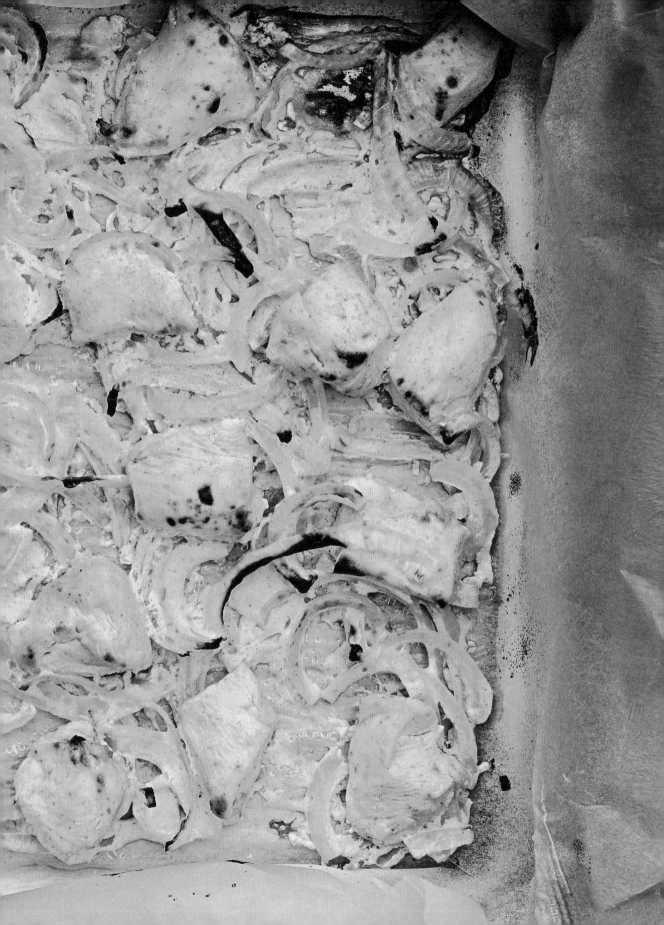

Pollo con azafrán y limón
Joojeh kabab

Es muy probable que el *joojeh kabab* se encuentre en el menú de todos los restaurantes persas del mundo, puesto que es una de las recetas de ave más populares de Irán. Lo tradicional es prepararlo con pollitos de ración, pero lo que hace que este plato sea tan especial es el modo de marinar el pollo en yogur y zumo de limón, que proporciona a la carne su textura tierna y deliciosa. El azafrán y la cebolla terminan de dar el toque distintivo a este plato tan solicitado. He aquí mi versión simplificada del mismo, que puede prepararse en casa en un horno convencional cuando, como es mi caso, no se dispone de una barbacoa o una parrilla de gas.

PARA 4 PERSONAS

4 cebollas cortadas por la mitad y en rodajas finas

el zumo de 5 limones

4 cucharadas de aceite de oliva

1 cucharadita de cúrcuma molida

400 g de yogur griego

3 cucharadas de sal gruesa

un pellizco generoso de hebras de azafrán

3 cucharadas de agua hirviendo

6 pechugas grandes de pollo sin piel ni huesos cortadas en trozos de 5 cm

✳ Eche en una ensaladera las cebollas, el zumo de limón, el aceite, la cúrcuma, el yogur y la sal gruesa y mezcle bien. Maje el azafrán en un mortero y a continuación vierta encima el agua hirviendo, para dejar en infusión entre 5 y 10 minutos.

✳ Añada el pollo a la ensaladera. Remueva hasta que todas las piezas se hayan impregnado con la mezcla de yogur. Incorpore el agua de azafrán y siga mezclando. Cubra la ensaladera con film transparente y métala en el frigorífico un mínimo de una hora, aunque mejor si reposa durante una noche.

✳ Una vez que el pollo esté marinado, precaliente el horno o el grill al máximo. Forre una bandeja de horno con papel antiadherente.

✳ Saque una a una las piezas de pollo de la marinada con la ayuda de una espumadera. Dispóngalas en la bandeja que ha preparado y áselas o hágalas a la parrilla entre 18 y 20 minutos como mucho, o hasta que los trozos estén ligeramente churruscados en los bordes pero conserven su jugosidad en el interior. Sirva con tortillas de trigo grandes o con arroz basmati y con un poco de ensalada y yogur.

Albóndigas de cordero con cerezas

Irán presume de gozar de docenas de interpretaciones de la albóndiga, y los persas adoramos añadirle frutas porque le da un ligero toque de dulzor. A menudo preparo estas albóndigas para mis invitados con una buena salsa casera, la base perfecta para mojarlas. Puede comprar las cerezas congeladas o secas, con azúcar o sin él. También puede sustituirlas por arándanos rojos secos.

PARA 4-6 PERSONAS

500 g de carne de cordero picada

1 cebolla rallada o bien picada

2 huevos camperos grandes

2 puñados grandes de cerezas secas (mejor con azúcar) sin hueso y bien picadas

1 manojo pequeño de cilantro (sólo las hojas) bien picado

1 manojo pequeño de eneldo (sólo las hojas) bien picado

2 cucharaditas de cúrcuma molida

2 cucharaditas de comino molido

2 cucharaditas de ajo en polvo

1 cucharadita de canela molida

4 cucharaditas de sal gruesa y un poco más para sazonar la salsa

pimienta negra recién molida

aceite de girasol

Para la salsa de tomate

700 g de tomates pera

1 cabeza grande de ajos, los dientes chafados y pelados

1 cucharadita rasa de cúrcuma molida

1 cucharadita de comino molido

½ cucharadita de canela molida

2 cucharaditas de azúcar

400 g de tomate troceado en conserva

✳ Para preparar la salsa, caliente a fuego medio si tiene cocina de gas o medio-vivo si es eléctrica una cacerola grande con tapa y eche una buena cantidad de aceite. Corte cada tomate en 3 trozos y échelos en la cacerola junto con los dientes de ajo. Remueva para que vayan cocinándose durante 10 minutos o hasta que los tomates empiecen a suavizarse. Añada a continuación la cúrcuma, el comino, la canela, el azúcar y una buena cantidad de sal y pimienta negra, y remueva bien. Deje cocer durante 10 minutos más, incorpore entonces los tomates en conserva y remueva otra vez. Tape la cacerola, baje el fuego al mínimo y espere a que la salsa se cocine durante una hora y media o dos horas. Remueva a menudo y, si reduce demasiado, añada un poco de agua hirviendo.

✳ Para preparar las albóndigas, eche simplemente el resto de los ingredientes, excepto el aceite, en una ensaladera grande y, con las manos, amáselos durante unos buenos 6 u 8 minutos o hasta conseguir una mezcla uniforme, lo que contribuirá a que las albóndigas queden brillantes y lisas.

✳ Ponga a fuego vivo una sartén grande y eche un chorrito de aceite. Cuando se haya calentado, vaya dando forma de pelotas de ping-pong a las albóndigas con las manos y échelas en la sartén. Fríalas unos 6 minutos por cada lado o hasta que se forme una costra dorada que sella la carne. Una vez hechas, incorpórelas a la cacerola con la salsa de tomate para que se cocinen durante otros 20 o 30 minutos antes de servir. Acompañe con arroz, cuscús, patatas asadas o incluso con tortillas de trigo.

Pierna de cordero al estilo *mechouia* con sal de comino

Es cierto que el *mechouia* se refiere al arte de asar un cordero entero, pero el estilo *mechouia* se interpreta a menudo en la cocina de Occidente como la forma de asar despacio —o *slow roast*— una pieza de cordero, adoptando, sin embargo, de la receta tradicional la sal de comino con la que impregnar cada bocado. Me encanta asar despacio una pierna entera de cordero, aun cuando yo suelo preferirlo poco hecho; y si bien este asado lento cocina la carne del todo (que es como tiene que ser), conserva su ternura y su jugosidad. Coja con la mano un pedazo del cordero y mójelo en la sal de comino. Aunque, si prefiere ser más «civilizado», puede hacerlo con un cuchillo y un tenedor.

PARA 8 PERSONAS

1 pierna de cordero con hueso de 2,5 kg

50 g de mantequilla blanda

2 cucharadas de cilantro molido

1 cucharada de comino molido

1 cucharada de comino en grano

2 cucharaditas de pimentón

1 cucharadita de pimienta de Cayena

1 cucharadita de tomillo seco

4 dientes de ajo majados

1 cucharada de sal gruesa

pimienta negra recién molida

Para la sal de comino

2 cucharadas de comino en grano

2 cucharadas de sal gruesa

una pizca de canela molida

❊ Precaliente el horno a 150° C. Forre una rustidera con papel antiadherente.

❊ Con un cuchillo bien afilado, haga diversos cortes por toda la pierna de cordero para que la marinada pueda impregnarla bien con sus aromas.

❊ Eche la mantequilla en un tazón, añada las especias secas, el tomillo y el ajo majado, y mezcle hasta hacer una pasta. Con las manos, unte la pierna de cordero con ella, embadurnándola toda. A continuación, ponga el cordero en la rustidera que ha preparado y áselo durante 5 horas, regándolo con su jugo cada 20 o 30 minutos para que se mantenga hidratado.

❊ Una vez asado el cordero, sáquelo del horno, cúbralo con papel de aluminio y déjelo reposar durante 15 minutos.

❊ Mientras tanto, prepare la sal de comino. En una sartén a fuego medio-vivo, eche el comino en grano para que se tueste, sacudiéndola de vez en cuando hasta que suelte su aroma. A continuación, májelo en el mortero. Agregue la sal y la canela, mezcle y páselo a un pequeño bol en el que pueda mojar la carne.

❊ Cuando haya reposado, ponga el cordero en una fuente. La carne estará jugosa y suculenta y se separará del hueso con facilidad. Sirva acompañado de patatas asadas con cúrcuma y comino (*véase la pág. 201*).

Costillar de cordero especiado con salsa de granada

Cuando era más joven, me parecía que el costillar de cordero era lo más de lo más en cuanto a sofisticación, y consideraba que era mejor reservarlo para comer en los restaurantes de postín. No sabía lo fácil y rápido que resulta prepararlo uno mismo, y actualmente es un plato que comemos a menudo en mi casa. La salsa de granada es un complemento perfecto para el especiado del cordero, puesto que redondea cada bocado llenándolo de aromas.

PARA 4 PERSONAS

2 cucharaditas de comino en grano

1 cucharadita de cilantro en grano

5 cucharadas de aceite de oliva

1 cucharadita de comino molido

½ cucharadita de canela molida

½ cucharadita de pimienta de Cayena

½ cucharadita de jengibre molido

½ cucharadita de cúrcuma molida

una pizca de nuez moscada

2 costillares de cordero al estilo francés

sal

Para la salsa de granada

4 cucharadas de melaza de granada

100 ml de zumo de granada

1 cucharada de miel

2 cucharadas de reducción de vinagre balsámico

✽ Precaliente el horno a 200º C. Ponga el comino y el cilantro en grano en una sartén grande de fondo grueso y tueste las semillas a fuego medio-vivo, sacudiéndola de vez en cuando hasta que éstas liberen su aroma. A continuación, májelas en el mortero.

✽ Mezcle el aceite de oliva con las especias secas en un tazón hasta que se forme una pasta. Unte con ella los costillares de cordero por todos los costados. Vuelva a poner la sartén al fuego y selle la carne hasta que adquiera un tono dorado suave (unos 2 minutos por cada lado).

✽ Traslade los costillares a una rustidera y sazone la carne con sal. Ásela en el horno durante unos 15 minutos y luego sáquela, cubra la rustidera con papel de aluminio y deje que el cordero repose entre 6 y 8 minutos.

✽ Mientras la carne está reposando, prepare la salsa de granada. Vierta el jugo del asado de la rustidera en la sartén en la que selló el cordero junto con la melaza y el zumo de granada, la miel y la reducción de vinagre balsámico, y dé un hervor suave al conjunto hasta que la salsa adquiera un aspecto brillante y liso.

✽ Con un cuchillo bien afilado, corte el cordero entre costilla y costilla y sirva de inmediato con un chorrito de la salsa por encima.

Kebabs turcos de Adana en forma de *köfte*

Éste es uno de mis platos preferidos de Turquía, y es originario de la ciudad de Adana, famosa por sus kebabs. Especiados y deliciosos, guardan en su interior una auténtica bomba, cortesía de la pimienta de Alepo o *pul biber*, el ingrediente que los hace realmente apetecibles. Lo tradicional es que estos kebabs sean largos y grandes, pero, para hacerlo más fácil, yo prefiero formar con el picadillo pequeñas albóndigas ligeramente alargadas (*köfte*) e introducirlas dentro de panes planos con un poco de yogur griego o *cacik* (*véase la pág. 15*), cebollas en rodajas y un puñado de cilantro fresco.

PARA 4 PERSONAS

500 g de carne de cordero picada
(la grasa es importante en esta receta, de modo que no escoja un corte magro)

1 cebolla grande triturada en un robot de cocina o bien picada

3 cucharaditas de pimienta de Alepo (o *pul biber*)

3 dientes de ajo majados

20 g de perejil (sólo las hojas) bien picado

½ pimiento rojo sin semillas y bien picado

2 huevos camperos grandes

2 cucharaditas colmadas de sal gruesa

pimienta negra recién molida

aceite de girasol (si opta por freír los kebabs)

Para servir

tortillas de trigo grandes o el pan que elija

cebolla roja en rodajas

perejil picado

yogur griego o turco o escurrido

❋ Eche todos los ingredientes, excepto el aceite, en un cuenco grande y remuévalos bien. Trabaje la mezcla a fondo con las manos, golpeando y amasando la carne hasta que la textura se iguale y los huevos y las hierbas aromáticas estén bien repartidos. Tome un buen puñado de picadillo y, con la palma de la mano, dele forma de salchicha alargada. A continuación, aplástela y forme un kebab de unos 15 o 20 cm de largo por 5 cm de ancho. Repita la misma operación hasta acabar con todo el picadillo. Hágalos aún más largos si lo desea, sobre todo si dispone de las broquetas clásicas, planas como espadas, para forrarlas con la mezcla. Asimismo, puede hacer albóndigas o hamburguesas pequeñas con el picadillo.

❋ Si se ha decidido por las albóndigas o las hamburguesas, fríalas a fuego medio en una sartén llena de aceite caliente durante 7 u 8 minutos por cada lado.

❋ Si prefiere darles la forma de un kebab alargado, hay varios métodos para cocinarlos. Emparrillarlos sobre brasas sería sin duda el modo más apropiado de hacerlos. Evite la zona más caliente de la parrilla o barbacoa y cocínelos durante unos 8 minutos por cada lado, hasta que estén churruscaditos. También puede freírlos en un poco aceite de girasol en una sartén a fuego medio-vivo si su cocina es de gas o a fuego vivo si es eléctrica, durante unos 8 minutos por cada lado, hasta que estén dorados y apetitosos.

❋ Sirva los kebabs con tortillas de trigo grandes o el pan que prefiera, cebolla roja en rodajas y perejil picado. Añada una cucharadita de yogur para rematar el plato.

Chuletas de cordero al horno con pétalos de rosa, hierbas aromáticas y guindilla

No hay otro plato mejor que el que se puede disponer en una rustidera, introducir en el horno y tener listo en quince minutos. Ésta es la clase de comida que quiero todos los días. No es tediosa de hacer ni hay que dedicarle mucho tiempo y, sin embargo, el resultado es realmente espectacular. Es un auténtico festín y, cómo no, puede utilizar las especias que más le gusten para elaborarla. No obstante, debo decir que la sal es fundamental para extraer los aromas de la carne, así que no olvide utilizar la cantidad adecuada.

PARA 4 PERSONAS

800 g de chuletas de riñonada de cordero

6 cucharadas de aceite de oliva

5 cucharadas de pétalos de rosa secos comestibles, molidos finos en un molinillo

1 cucharadita colmada de cúrcuma molida

3 cucharaditas de comino molido

3 cucharaditas de comino en grano

1 cucharadita de canela molida

2 cucharaditas colmadas de sal gruesa

3 dientes de ajo grandes pelados y cortados en láminas finas

2 cucharadas de agua de rosas

Para el aderezo de hierbas aromáticas y guindilla

1 guindilla roja grande sin semillas y bien picada

20 g de cilantro (sólo las hojas) bien picado

2 cucharaditas de menta seca

el zumo de ½ lima

8 cucharadas de aceite de oliva

sal y pimienta negra recién molida

❉ Coloque las chuletas de cordero en una ensaladera grande, riéguelas con el aceite y agregue a continuación los pétalos de rosa molidos, las especias, la sal, el ajo y el agua de rosas. Con las manos, unte la carne a conciencia para que quede bien impregnada con la mezcla. Tape la ensaladera con film transparente y deje marinar en el frigorífico un mínimo de una hora para que los aromas penetren en la carne. Puede incluso dejar marinar las chuletas de cordero durante toda la noche y asarlas al día siguiente.

❉ Precaliente el horno a la temperatura más alta posible, con ventilador si dispone de esa función. Forre una bandeja de horno grande con papel antiadherente y disponga las chuletas de cordero sobre la misma con las partes más grasas hacia arriba para que se doren. Una vez que el horno haya estado a máxima potencia unos 20 minutos, meta el cordero y áselo durante unos 22 minutos, vigilando que no se queme cuando hayan transcurrido los primeros 20 minutos.

❉ Mientras se cocina la carne, ponga todos los ingredientes del aderezo en un tazón pequeño y mézclelos bien. Sazone con sal y pimienta al gusto.

❉ Saque el cordero del horno y riegue poco a poco pero con generosidad con el aderezo de hierbas aromáticas y guindilla. Sirva de inmediato acompañado de arroz basmati al vapor.

Filetes rusos de cordero y pistacho

Ésta es mi versión rápida y fácil del *fistikli kebap* turco. Yo añado además algunos ingredientes que combinan estupendamente con los pistachos. Si no se dispone de una barbacoa o una parrilla de gas, es preferible dar al picadillo la forma de un filete ruso o hamburguesa, puesto que son fáciles de cocinar en una sartén. No obstante, si lo prefiere, siempre puede darles forma de albóndigas, filetes rusos más grandes o kebabs alargados. Sirva este plato con *cacik* (*véase la pág. 15*) o yogur.

PARA 10 UNIDADES APROX.

150 g de pistachos pelados

2 huevos camperos grandes

500 g de carne de cordero picada

1 cebolla triturada o bien picada

2 cucharaditas de comino molido

2 cucharaditas colmadas de zumaque

1 cucharadita de cilantro molido

1 cucharadita de orégano seco

la ralladura de 1 lima

3 cucharadas colmadas de sal gruesa

pimienta negra recién molida

1 cucharada de aceite de girasol

✻ Triture 100 g de los pistachos en un robot de cocina hasta que estén molidos muy finos. Luego triture menos tiempo el resto para que queden en trocitos y échelos junto con los pistachos molidos en una ensaladera grande. Incorpore el resto de los ingredientes excepto el aceite y mezcle bien con las manos. Tiene que trabajar el picadillo con fuerza, golpeando y amasando la carne como si fuera masa de pan hasta que la textura se alise y el huevo y los pistachos estén bien repartidos.

✻ Caliente a fuego medio una sartén grande antiadherente y precaliente el horno al mínimo.

✻ Divida el picadillo en 10 partes iguales, deles forma de bola y aplástelas hasta formar filetes. Eche el aceite suficiente para cubrir el fondo de la sartén ya caliente y fría varios de los filetes cada vez, sin cargar demasiado el recipiente, hasta que en la parte inferior se forme una costra dorada (durante unos 6 minutos más o menos). Deles la vuelta y deje freír hasta que estén hechos por el otro lado. Pase las tandas ya fritas a una fuente refractaria y resérvelas en el horno caliente mientras termina con los filetes que quedan. Sírvalos acompañados de *cacik* (*véase la pág. 15*).

Paletilla de cordero al perfume de especias

Las especias persas son aromáticas y sabrosas, en absoluto molestas o abrasivas; se utilizan para dar un toque sutil al plato. Este cordero está perfumado con mi mezcla exclusiva de algunas de las especias que se utilizan de forma más habitual, combinadas con otros ingredientes más raros, como los pétalos de rosa o la lima en polvo. Esta mezcla en particular va muy bien con la naturaleza grasa de la paletilla de cordero.

PARA 6 PERSONAS

1 paletilla de cordero de 2,5 kg

2 cucharaditas colmadas de zumaque

4 cucharaditas de pétalos de rosa secos comestibles

1 cucharada de comino molido

½ cucharada de canela molida

½ cucharada de lima en polvo (o 1 cucharada extra de zumaque)

aceite de girasol

2 cucharaditas de sal gruesa

* Precaliente el horno a 160° C. Coloque la paletilla en una rustidera forrada con papel antiadherente.

* Ponga el zumaque, los pétalos de rosa, el comino, la canela y la lima en polvo en un molinillo o un robot de cocina pequeño y tritúrelo todo hasta que los pétalos de rosa estén bien molidos.

* Riegue el cordero con un poco de aceite y espárzalo por toda la superficie de la pieza para que quede bien impregnada con la mezcla de especias. A continuación, sazone con la sal.

* Ase la paletilla durante 4 horas. Luego sáquela del horno y cúbrala con papel de aluminio para que repose durante 10 minutos. Para servir, puede arrancar la carne tirando de ella suavemente con un tenedor o, si lo prefiere, utilizar un cuchillo para cortarla en lonchas. Sírvala acompañada de una ensalada verde, con patatas o con arroz.

Carne a la parrilla con granada y vinagre balsámico

Éste es, sin lugar a dudas, uno de los platos más populares de todo mi repertorio. Siempre que lo hago me recuerda a una persona… mi prima Laily, quien, cuando comemos juntas, me suplica: «¿Puedes preparar la carne de vacuno con granada, por favor?» Se trata del clásico plato que gusta a todo el mundo y que tiene una apariencia espectacular, con filetes jugosos regados con el aderezo agridulce y rematada con los brillantes granos de granada.

PARA 4 PERSONAS COMO ENTRANTE O PARA 2 COMO PLATO PRINCIPAL

400 g de falda, solomillo, culata de contra o cadera de carne de vacuno (o filetes de cuello de cordero)

2 cucharadas de aceite de oliva

sal y pimienta negra recién molida

1 bolsa de rúcula o de berros o de cualquier otra hoja de ensalada picante

100 g de granos de granada

Para el aderezo de granada y vinagre balsámico

200 ml de melaza de granada

75 ml de reducción de vinagre balsámico

1 cucharada de aceite de oliva

2 cucharaditas colmadas de mostaza de Dijon

✳ Mezcle todos los ingredientes del aderezo en una jarra medidora y reserve.

✳ Ponga a fuego vivo una sartén de fondo grueso. Aliñe la carne con el aceite de oliva y un poco de sal y pimienta negra y colóquela en la sartén (el aceite tiene que humear y chisporrotear cuando disponga la carne). Séllela durante 3 minutos por cada lado, retire de la sartén y reserve para que el jugo se reparta bien, así quedará jugosa y tierna. Para comprobar si la carne está en su punto, presiónela con un dedo. Si vuelve a su forma inicial de forma clara, la carne está muy poco hecha. Cuanto menos lo haga, más cocida estará. Debe conseguir un punto medio para que conserve el centro poco hecho, aunque puede cocinarla durante más tiempo si lo desea (no obstante, estos cortes en particular no se prestan a estar muy hechos).

✳ Una vez que la carne haya reposado por lo menos 5 minutos, corte la pieza en filetes y dispóngalos de forma decorativa en una fuente. En el centro, coloque un buen puñado de hojas de rúcula, riegue la carne con el aderezo y, al final, adorne con los granos de granada. Sirva de inmediato.

Cerdo glaseado con membrillo y granada

El cerdo gusta a mucha gente, aunque no es tradición comerlo en Oriente Próximo. Cuando pienso en esta carne siempre la visualizo con una salsa dulce y melosa como la de esta receta. El solomillo es un corte limpio y magro, pero necesita todos los añadidos de aromas y sabores que se le puedan incorporar, puesto que no tiene nada de grasa. La carne de membrillo es un ingrediente extraordinario que puede encontrarse en cualquier supermercado, y la base de este sencillo y exquisito plato. Sírvalo con una ensalada o incluso cortado en lonchas finas y en pan de pita.

PARA 4 PERSONAS

- 150 g de carne de membrillo
- 100 ml de zumo de granada
- 1 cucharada de melaza de granada
- 2 cucharadas de miel
- 2 cucharaditas de sal gruesa
- 1 cucharadita de comino molido
- ½ cucharadita de canela molida
- 600 g de solomillo de cerdo
- 1 cucharada de aceite de oliva

✴ En un cuenco, mezcle muy bien la carne de membrillo, el zumo de granada, la melaza de granada, la miel, la sal y las especias (con un tenedor se facilita la labor de machacar la carne de membrillo), hasta que el membrillo esté deshecho y bien mezclado con todo lo demás.

✴ Reboce el cerdo en el adobo en el mismo cuenco (puede cortarlo en dos piezas más manejables, si lo prefiere) y cúbralo con film transparente. A continuación, déjelo en el frigorífico durante al menos una hora, aunque estará mucho más sabroso si lo reserva toda la noche.

✴ Precaliente el horno a 180° C. Caliente a fuego medio una sartén grande que pueda meterse al horno y eche el aceite. Retire y reserve el exceso de adobo y, a continuación, selle el solomillo de cerdo durante un par de minutos por cada lado, hasta que adquiera un color dorado. Puede que se oscurezca un tanto a causa de los azúcares del adobo, pero no se preocupe: eso no significa que la carne se haya quemado. A continuación, pinte el solomillo con un poco del adobo que ha reservado antes e introduzca la sartén en el horno para que se cocine otros 10 minutos. Saque del horno y deje en reposo durante 5 minutos más.

✴ Mientras la carne está reposando, vierta lo que queda del adobo en un cazo pequeño y caliéntelo hasta que empiece a hervir. Una vez que termine el tiempo de reposo, corte el solomillo en medallones de 5 cm o en lonchas más finas. Sírvalo regado con un chorrito del adobo.

Bacalao en salsa de tamarindo, cilantro y fenogreco
Ghelyeh mahi

Mi versión del plato persa conocido como *ghelyeh mahi*, en el fondo una caldereta de pescado de la región del puerto de Bandar, se prepara con bacalao, pero si lo prefiere usted puede sustituirlo por cualquier otro pescado que sea más de su gusto. El tamarindo añade una nota ácida a la salsa —una de las características más populares de muchos de los platos de Bandar— sin llegar a enmascarar el sabor del pescado. La adición de una pizca de pimienta de Cayena hace que este plato parezca casi más indio que persa, aunque gran cantidad de los especiados de esta región de Irán muestran las influencias de los aromas intensos de los países vecinos del golfo Pérsico. Según la tradición, este plato se sirve con arroz.

PARA 4-6 PERSONAS

aceite de girasol

1 cebolla grande bien picada

1 cucharada rasa de harina de trigo

6 dientes de ajo pelados y cortados en láminas finas

1 cucharadita de cúrcuma molida

2 cucharaditas de fenogreco seco en hojas

½ cucharadita de pimienta de Cayena

una pizca de azúcar

1 manojo grande de cilantro (hojas y tallos) bien picado

1 cucharada de pasta de tamarindo

500 ml de agua templada

600g de lomos de bacalao (o cualquier pescado de carne firme)

sal y pimienta negra recién molida

✳ Ponga a fuego medio una sartén grande con tapa y vierta el aceite suficiente para cubrir el fondo. Fría la cebolla hasta que se ponga transparente y comience a dorarse. Incorpore la harina y remueva bien con la cebolla para que se cocine un poco, eche un chorrito más de aceite en la sartén y agregue también el ajo laminado (asegúrese de que no llega a dorarse). Añada a continuación la cúrcuma, las hojas de fenogreco, la pimienta de Cayena y el azúcar, y remueva todo bien durante 1 o 2 minutos.

✳ Agregue el cilantro y siga cocinando hasta que se ponga tierno. A continuación, disuelva la pasta de tamarindo en el agua templada e incorpórela también a la sartén. Baje un poco el fuego, tape la sartén a medias (dejando un resquicio a un lado) y deje que cueza a fuego muy suave durante 15 minutos.

✳ Una vez transcurrido el tiempo de cocción, corte los lomos de bacalao en piezas de 5 cm y dispóngalos sobre la salsa. Con la ayuda de una cuchara, bañe el pescado con la salsa. Sazone al gusto con un poco de sal y pimienta negra, tape bien la sartén y deje en cocción otros 15 minutos. Sirva de inmediato.

Langostinos con zumaque, cilantro, limón y ajo

El zumaque posee muchas de las propiedades de los cítricos. Tradicionalmente se empleaba para sazonar los kebabs de cordero a la parrilla, pero ahora se usa en numerosas recetas y de diferentes modos. Va especialmente bien con el marisco y las carnes blancas, puesto que sus aromas cítricos los complementan muy bien. A mí me encanta echárselo a los langostinos: añade una nota de color y aporta un aroma delicado al plato ya terminado. Me gusta comprar los langostinos más grandes que pueda encontrar (y cocinarlos con las cabezas y las colas), pero usted puede hacerlo con cualquier otro tipo de marisco que encuentre en el mercado.

PARA 4 PERSONAS

6 cucharadas de aceite de oliva

la ralladura de 2 limones y el zumo de ½

2 cucharadas de zumaque

5 dientes de ajo grandes pelados y cortados en láminas

20 g de cilantro (hojas y tallos) bien picado

sal y pimienta negra recién molida

800 g de langostinos tigre grandes pelados

✳ Coja un recipiente amplio y poco profundo en el que preparar el adobo. Eche el aceite de oliva, la ralladura de limón, el zumaque, el ajo y el cilantro. Sazone generosamente con sal y pimienta negra, añada el zumo de limón y mezcle con cuidado.

✳ Incorpore los langostinos y remuévalos bien en el recipiente para que se impregnen con el adobo. Cubra con film transparente y meta en el frigorífico durante al menos 30 minutos, si dispone de tiempo. Puede cocinar los langostinos de inmediato, pero un tiempo, aunque sea corto, en adobo, permite que se impregnen de los aromas. Como el adobo contiene zumo de limón, no le recomiendo un período de marinado más allá de unas pocas horas, puesto que podrían cocinarse parcialmente con el ácido (aunque seguirían siendo perfectamente comestibles).

✳ Ponga a fuego medio-vivo una sartén grande. Cuando esté caliente, sacuda el exceso de adobo de los langostinos uno por uno y vaya echándolos en la sartén. Cocínelos durante 2 o 3 minutos por cada lado hasta que adquieran un tono rosado. Sirva de inmediato.

Salmón con especiado cítrico

El salmón es un pescado estupendo para especiar. Su naturaleza grasa y su potente sabor hacen que soporte muy bien los especiados y los adobos y las marinadas fuertes sin quedar en absoluto enmascarado, por lo que las mezclas de especias para este pescado pueden ser muy atrevidas. Todos sabemos que los cítricos van bien con el pescado, por eso yo suelo añadirles ralladura de naranja y lima. No se tarda más allá de un cuarto de hora en prepararlo todo, cocinarlo y servirlo... ¿Quién da más?

PARA 6 PERSONAS

6 lomos de salmón
de unos 100 g cada uno, sin la piel

4 cucharadas de pétalos de rosa secos comestibles, molidos finos

2 cucharaditas de zumaque

1 cucharadita de lima en polvo

1 cucharadita de comino molido

½ cucharadita de canela molida

la ralladura fina de 1 naranja

la ralladura fina de 1 lima

3-6 cucharadas de aceite de oliva

sal y pimienta negra recién molida

gajos de limón para servir

❋ Precaliente el horno a 200° C. Forre una bandeja de horno con papel antiadherente.

❋ Mezcle los pétalos de rosa molidos, las especias y las ralladuras de naranja y de lima en un bol, añada el aceite de oliva y remueva bien para conseguir la marinada.

❋ Embadurne cada lomo de salmón en la marinada y, a continuación, dispóngalos en la bandeja de horno. En este momento, puede cubrir la bandeja con film transparente y conservar el pescado en el frigorífico toda la noche, si lo desea. Cuando todos los lomos estén bien cubiertos con el adobo, sazónelos con sal y pimienta y métalos en el horno durante 10 o 12 minutos o hasta que el pescado esté bien cocinado. Me encanta servirlo con gajos de limón y una ensalada *fatush* (*véase la pág. 183*).

Trucha rellena
Mahi shekampor

El *mahi shekampor*, que significa literalmente «pescado con la tripa rellena», es la receta de un plato clásico del sur de Irán. Me gusta prepararla con trucha, pero usted puede hacerla con cualquier otro pescado entero que sea de su agrado. Consigo un puntito cítrico prodigioso con sólo incluir limones en conserva en el relleno, que acompañan a la perfección la trucha, de modo que no hay que añadir más limón para sazonar el pescado.

PARA 4 PERSONAS

75 g de piñones

aceite de oliva

1 cabeza de ajos pelados y cortados en láminas finas

2 guindillas rojas cortadas en rodajas finas

1 manojo de cebollas tiernas cortadas en rodajas finas

1 manojo grande de cilantro (hojas y tallos) bien picado

4 limones en conserva bien picados

4 truchas de ración, de unos 250 g cada una, evisceradas

sal y pimienta negra recién molida

❈ Precaliente el horno a 200° C. Forre una bandeja de horno con papel antiadherente. Esparza los piñones sobre ella y tuéstelos en el horno durante 3 o 4 minutos, vigilándolos de cerca para evitar que se quemen. Una vez tostados, resérvelos.

❈ Ponga una sartén grande a fuego medio-vivo y vierta el aceite suficiente para cubrir con generosidad el fondo. Añada el ajo y las guindillas y remueva constantemente para que no se quemen. Cuando el ajo empiece a dorarse, añada las rodajas de cebolla tierna y, a continuación, el cilantro picado. Revuelva de nuevo muy bien y siga cocinando hasta que las cebollas y el cilantro se pongan tiernos. Añada los limones en conserva, vuelva a remover bien e incorpore los piñones tostados. Mezcle con cuidado y retire la sartén del fuego para permitir que el sofrito se enfríe durante al menos 15 minutos.

❈ Coloque las truchas enteras sobre la misma bandeja forrada de papel que ha utilizado antes para tostar los piñones. Abra bien la cavidad ventral del pescado, divida el picadillo del relleno en cuatro y repártalo entre la cabeza y el vientre de cada una de las truchas. Una vez que haya terminado, riegue la piel de los pescados con un poco de aceite de oliva, sazone bien con sal y pimienta negra y ase entre 25 y 30 minutos (o menos, si su pescado es más pequeño). Una vez terminada la cocción, sirva de inmediato.

Vieiras y juliana de hinojo con vinagreta de azafrán, miel y cítricos

Las vieiras son mi marisco favorito; son bocados de carne delicada y dulce, y tan versátiles que pueden comerse crudas, salteadas, escalfadas o asadas. Éste es un plato muy elegante gracias al crujiente de la juliana de hinojo y al aderezo dulce y aromático, al tiempo que potente, debido al azafrán y a las notas cítricas. Escoja las vieiras más grandes que pueda encontrar.

PARA 4 PERSONAS

2 bulbos grandes de hinojo limpios

el zumo de ½ limón

aceite de oliva

sal y pimienta negra recién molida

12 vieiras grandes

Para el aderezo

2 cucharadas de miel

un pellizco de hebras de azafrán desmenuzado

1 cucharada de vinagre de vino blanco

el zumo de 1 naranja

un chorrito de zumo de lima

2 cucharadas de aceite de oliva

✳ En primer lugar, prepararemos el aderezo. En un cazo pequeño, vierta el vinagre, el zumo de naranja y de lima, disuelva la miel y eche el azafrán desmenuzado. Temple la mezcla con suavidad a fuego medio-bajo para que el azafrán destile sus aromas en el líquido, pero no permita que hierva. En cuanto la mezcla comience a adoptar el color dorado del azafrán, remueva bien y sazone con un poco de sal. Retire del calor y reserve.

✳ Haga una juliana fina o «afeite» el hinojo (con un pelador de verduras) y póngalo en un cuenco. Bata el zumo de limón y 2 cucharadas de aceite de oliva, sazónelo con sal y pimienta negra y viértalo por encima del hinojo para evitar que se ennegrezca. Resérvelo.

✳ Ponga una sartén grande a fuego medio-vivo. Riegue el fondo con un poco de aceite de oliva y saltee las vieiras durante un minuto por cada lado (o menos, si las suyas no son muy grandes). Retire de la sartén y colóquelas en una fuente de servir con el hinojo en juliana.

✳ Añada el aceite de oliva al aderezo, bátalo cuidadosamente hasta que esté bien amalgamado y riegue con él las vieiras y el hinojo. Sirva de inmediato.

Bacalao al *za'atar* con salsa picante

Si me permitieran elegir tres mezclas de especias para llevar a una isla desierta, seguro que una de ellas sería el *za'atar*. Es tan delicado como versátil, y puede utilizarse con cualquier alimento: desde carne y pescado hasta cereales o pan. Me gusta hacer en un momento una pasta con un poco de aceite y frotar con ella el pescado antes de freírlo. Lo que realmente da el punto especial a este plato es la salsa fresca, intensa, salpicada de cítricos que lo acompaña.

PARA 4 PERSONAS COMO ENTRANTE O COMIDA LIGERA, O PARA 2 COMO PLATO PRINCIPAL

2 cucharadas colmadas de *za'atar*

aceite de oliva

400 g de filetes o lomos de bacalao en 2 o 4 piezas, u otro pescado blanco de carne firme

sal

Para la salsa picante

24 aceitunas Kalamata

6 limones en conserva

8 guindillas en vinagre

1 manojo pequeño de cilantro

aceite de oliva

❋ Mezcle el *za'atar* con 4 cucharadas de aceite de oliva en un cuenco para hacer una pasta. Embadurne con ella los trozos de bacalao, procurando impregnarlos bien por todas partes. Sazone a continuación con un poco de sal y, si tiene tiempo, cubra con film transparente y deje en el frigorífico para que se marinen hasta que llegue el momento de cocinarlos (aunque no más de una noche).

❋ Para hacer la salsa picante, quite los huesos a las aceitunas, píquelas gruesas y échelas en un cuenco. Corte por la mitad los limones en conserva, retire las pepitas, si las hay, píquelos gruesos y añádalos al recipiente. Corte en rodajas las guindillas en vinagre y, a continuación, píquelas antes de echarlas también en el cuenco. Por último, pique gruesos los tallos y las hojas de cilantro (los tallos atesoran la mayor parte de los aromas) y añádalos también junto con un buen chorro de aceite de oliva. Mezcle bien los ingredientes y reserve. No añada sal, puesto que la mezcla ya tendrá la suficiente sal de sus propios ingredientes.

❋ Ponga a fuego medio una sartén grande y vierta un chorro generoso de aceite de oliva. Fría el bacalao durante unos 8 minutos por un lado y no más de 3 o 4 por el otro. Una vez bien dorados, y cuando tengan una costra de especias apetitosa, sírvalos regados con una buena cantidad de la salsa picante y arroz o patatas para acompañar.

Colas de rape al estilo *bandari*

La palabra *bandari* hace referencia a cualquier cosa originaria de un puerto, pero en realidad remite más específicamente a aquello que proviene del puerto iraní de Bandar Abbas. En lo referente a la comida, *bandari* indica que el plato es especiado. Este preparado sencillo se hace embadurnando el pescado con una mezcla de especias y hierbas aromáticas frescas, que lo perfuman con un aroma delicioso y embriagador. La ensalada *Shirazi* (*véase la pág. 178*) es el acompañamiento perfecto para esta receta.

PARA 4 PERSONAS

½ cucharadita de cúrcuma molida

½ cucharadita de curri en polvo

½ cucharadita de comino molido

½ cucharadita de cilantro molido

¼ de cucharadita de canela molida

2 dientes de ajo grandes picados

un trozo de 5 cm aprox. de jengibre, pelado y rallado

un puñado de cilantro (sólo las hojas) bien picado, y un poco más para servir

un puñado de eneldo (sólo las hojas) bien picado

la ralladura fina y el zumo de 1 lima

2 cucharadas de yogur griego

aceite de oliva

1 cucharadita de sal gruesa

¼ de cucharadita de pimienta negra recién molida

4 colas o lomos de rape de 175-200 g, limpios y sin la piel

✳ Mezcle todas las especias en un cuenco y añada el ajo, el jengibre, las hierbas frescas, la ralladura y el zumo de lima, el yogur y un par de cucharadas de aceite de oliva. Sazone con sal y pimienta negra. Mezcle muy bien con un tenedor para deshacer los grumos de especias que puedan haberse formado. Cubra con film transparente y reserve durante 30 minutos para que las especias reposen.

✳ Coloque las colas de rape en un plato plano. Remueva la pasta de especias y échela por encima. Embadurne el pescado con las manos para que no quede ni un rincón sin pasta. Tape el plato con film transparente y deje en el frigorífico una hora como máximo. Una vez transcurrido ese tiempo, saque el pescado del frigorífico y espere a que se temple a temperatura ambiente.

✳ Ponga una sartén a fuego medio-vivo. Cuando esté caliente, vierta un chorrito de aceite y coloque las colas de rape encima para que se cocinen unos 5 minutos por cada lado, o hasta que se vean opacas y firmes. A continuación, dispóngalas en una fuente de servir, déjelas reposar 1 o 2 minutos y sirva con un poco de cilantro espolvoreado.

Ensaladas y verduras

Ensalada de naranja sanguina y achicoria roja

Esta ensalada, realmente espectacular, es el acompañamiento perfecto para las comidas de Oriente Próximo, puesto que la naranja proporciona la acidez más que necesaria para limpiar el paladar. Es uno de mis platos de acompañamiento preferidos, porque además es tan sencillo como brillante. La temporada de las naranjas sanguinas es el invierno, aunque puede conseguirse un resultado igual de bueno con naranjas corrientes.

PARA 4-6 PERSONAS
COMO ACOMPAÑAMIENTO

2 achicorias rojas

5 naranjas sanguinas

2 cucharaditas de zumaque

un buen puñado de eneldo (sólo las hojas) bien picado

Para la vinagreta

4 cucharadas de aceite de oliva

2 cucharadas de melaza de granada

1 cucharada de vinagre de vino tinto

sal

pimienta negra recién molida

✳ Lave las achicorias y retire los tallos inferiores. Córtelas a lo ancho en rodajas de unos 4 cm, separe las distintas capas de hojas y póngalas en una ensaladera.

✳ Para pelar las naranjas sanguinas, corte los dos extremos de la naranja y luego marque la piel con un cuchillo en sentido vertical y retírela. Repita esta operación hasta que las haya pelado todas. Corte las naranjas por la mitad para luego cortar gajos de unos 8 mm. Añádalos a la ensaladera junto con el zumaque y el eneldo picado.

✳ Para la vinagreta, ponga el aceite, la melaza de granada y el vinagre en un cuenco con unos buenos pellizcos de sal y pimienta negra y bata hasta que se haya mezclado bien. Riegue la ensalada con el aderezo y, con las manos, remueva hasta que todos los ingredientes estén impregnados con la vinagreta, y el zumaque y el eneldo bien distribuidos. Retire el exceso de aderezo antes de servir.

Ensalada de cebada con bimi a la parrilla y *za'atar*

El *za'atar* es una de mis mezclas de especias preferidas, aunque sería más exacto decir «mezcla de hierbas aromáticas», porque en realidad es una combinación de mejorana, orégano, tomillo y semillas de sésamo. Da a muchos platos un aroma delicioso y es un modo extraordinario de elevar de categoría un grano tan sencillo como es la cebada y convertirlo en una comida completa al añadirle algunas verduras.

PARA 5-6 PERSONAS
COMO ACOMPAÑAMIENTO

300 g de tomates *cherry* cortados por la mitad

5 cebollas rojas pequeñas o 3 grandes picadas gruesas

sal y pimienta recién molida

300 g de bimi (o brécol común)

250 g de cebada perlada

el zumo de 2 limones

3 cucharaditas colmadas de *za'atar*

1 manojo pequeño de perejil (sólo las hojas) bien picado

2 guindillas largas rojas (no muy picantes), sin semillas y bien picadas

75 g de brotes de guisantes

3-4 cucharadas de aceite de oliva

250 ml de yogur griego

3 cucharaditas de cilantro molido

✳ Precaliente el horno a 160° C. Forre con papel antiadherente una bandeja de horno grande. Coloque encima los tomates *cherry* con el corte hacia arriba y áselos durante una hora y media, o hasta que estén en parte deshidratados. Sáquelos y déjelos enfriar.

✳ Suba la temperatura del horno a 200° C. Ponga las cebollas picadas en una bandeja de horno, sazone con sal y pimienta y áselas entre 35 y 45 minutos, o hasta que estén doradas. Sáquelas del horno y déjelas enfriar.

✳ Ponga a fuego vivo una plancha o una cacerola de fondo grueso hasta que esté muy caliente. Coloque sobre la misma el bimi y sazone con sal y pimienta. Espere a que los cogollos se oscurezcan por fuera (tienen que adquirir un sabor ahumado sin perder su textura crujiente, lo que llevará unos 3 minutos por cada lado). Retire y deje enfriar.

✳ Cueza la cebada según las instrucciones del envase, luego enjuáguela bajo un chorro de agua fría, escurra muy bien y échela en un cuenco grande. Alíñela con la mitad del zumo de limón, la sal, la pimienta y el *za'atar*. Añada las cebollas rojas y los tomates asados, y remueva muy bien.

✳ Corte cada cogollo de bimi en 2 o 3 trozos, incorpórelos a la ensalada y pruébela por si hay que sazonarla un poco más. Añada las guindillas y el perejil picado y los brotes de guisantes, y remuévalo de nuevo.

✳ Para preparar el aderezo, agregue el aceite de oliva al yogur junto con el resto del zumo de limón, el cilantro molido y unos buenos pellizcos de sal y pimienta.

✳ Ponga la ensalada en una fuente y disponga las verduras. Antes de servir, riegue con la salsa de yogur.

Ensalada de rábano, pepino y cebolla roja con aderezo de menta y azahar

La comida de Oriente Próximo puede resultar a veces pesada y excesiva, de modo que, para equilibrarla, hay que completarla con platos ligeros y refrescantes que limpien el paladar y favorezcan la digestión. Ésta es una receta de ese estilo —perfecta para acompañar platos copiosos de carnes o aves por su aroma fresco y delicioso— y, además, tiene un aspecto muy atractivo. El aderezo ligeramente dulce va muy bien para contrarrestar la acidez. Me encanta el carácter crujiente de esta ensalada.

PARA 6 PERSONAS
COMO ACOMPAÑAMIENTO

200 g de rábanos limpios y cortados en rodajas finas

1 pepino

2 cebollas rojas pequeñas cortadas por la mitad y en rodajas finas

70 g de piñones tostados

Para el aderezo de menta y azahar

1 cucharada de miel

1 ½ cucharadas de agua de azahar

el zumo de 1 limón

4 cucharadas de aceite de oliva

sal

pimienta negra recién molida

40 g de menta (sólo las hojas) picada gruesa

✳ En una ensaladera grande, eche los rábanos cortados en rodajas finas. A mí me gustan la piel y las semillas del pepino, pero, si lo desea, puede pelarlo, cortarlo por la mitad a lo largo y retirar las semillas con una cuchara. Corte cada mitad de pepino en rodajas finas y échelas en la ensaladera junto con las rodajas de cebolla roja. Remueva todo muy bien.

✳ Prepare el aderezo en otro cuenco. Eche la miel, el agua de azahar y el zumo de limón y bata hasta que la miel se haya disuelto, para añadir a continuación el aceite de oliva, la sal y la pimienta negra y, finalmente, la menta picada. Vierta el aderezo sobre la ensalada procurando que cubra bien todos los ingredientes y esparza por encima los piñones tostados. Remueva una última vez y sirva de inmediato.

Ensalada de lentejas verdes de Puy y quinua con limón y zumaque

La quinua es un ingrediente básico de mi despensa, y la he adoptado por sus beneficios demostrados para la salud y su alto valor nutricional, pero, para ser sinceros, no es especialmente sabrosa. No obstante, si se mezcla con determinadas hierbas aromáticas, algún que otro cítrico y unas pocas lentejas verdes de Puy, deja de ser insípida y adquiere un sabor delicioso. Esta ensalada es en realidad una comida completa en sí misma, aunque un poco de pollo o queso *halloumi* a la parrilla componen un complemento perfecto.

PARA 6-8 PERSONAS
COMO ACOMPAÑAMIENTO

200 g de quinua

250 g de lentejas verdes de Puy

500 g de tomates *cherry* (yo utilizo *pomodorini* o tomates pera *baby*) cortados por la mitad

100 g de perejil (hojas y tallos) bien picado

40 g de menta (sólo las hojas) bien picada

20 g de cilantro (tallos y hojas) bien picado

1 manojo de cebollas tiernas cortadas en rodajas finas

3-4 cucharadas de aceite de oliva

el zumo de 2-3 limones

1 cucharada colmada de zumaque

sal

pimienta negra recién molida

✳ Cueza la quinua y las lentejas verdes por separado, siguiendo las instrucciones de sus envases respectivos. Enjuague bajo un chorro de agua fría, escurra y reserve.

✳ Eche los tomates, las hierbas aromáticas picadas, las cebollas tiernas, el aceite de oliva y el zumo de limón en una ensaladera grande junto con el zumaque. Añada varios pellizcos de sal y pimienta negra, y revuélvalo todo bien. Incorpore la quinua y las lentejas verdes, y remueva para que todos los ingredientes se mezclen perfectamente con el aderezo. Pruebe y rectifique de sal si es necesario.

✳ Aconsejo dejarla enfriar durante 1 o 2 horas antes de servirla para que la quinua y las lentejas se impregnen de todos los aromas. Sirva con pescado, pollo o *halloumi* a la parrilla o, si no le apetece, basta con desmenuzar por encima un poco de queso feta para hacer de la ensalada un plato completo.

Barquitas de tabulé con granada

El tabulé es una ensalada típica de Oriente Próximo que se ha popularizado en numerosas culturas, por lo que cada cambio que se le aplica supone la aparición de una nueva versión ligeramente retocada del plato original. Mi fórmula es una réplica de la receta auténtica, excepto por los granos de granada. Yo crecí comiendo tabulé, puesto que era uno de los pocos platos que mi madre solía preparar con regularidad. Con ella aprendí a comerlo, utilizando hojas de lechuga a modo de recipiente para la ensalada. Los jugosos granos de la granada le aportan un toque dulce. Me encanta llenar hojas de cogollos con este tabulé y servirlas como barquitas a mis invitados. Su aspecto es precioso, tanto como delicado es su sabor.

PARA 15 UNIDADES COMO TAPA O PARA 5 PERSONAS COMO ACOMPAÑAMIENTO

25 g de trigo *bulgur*

1 manojo grande de perejil (sólo las hojas) bien picado

3 tomates pera sin semillas y bien picados

4 cebollas tiernas bien picadas

100 g de granos de granada

½ cucharadita de canela molida

1-2 cucharadas de aceite de oliva

el zumo de 1 limón

sal y pimienta negra recién molida

15 hojas de cogollos de lechuga

✻ Cocine el trigo *bulgur* siguiendo las instrucciones del envase, luego enjuáguelo bajo un chorro de agua fría, escúrralo bien y échelo en una ensaladera grande.

✻ Remueva todos los ingredientes picados con el *bulgur*, además de la canela y los granos de granada. Riegue con el aceite de oliva (añada la cantidad necesaria para que todo quede impregnado pero no grasiento). Incorpore el zumo de limón, la sal y la pimienta negra al gusto.

✻ Ponga una cucharada generosa de tabulé en el hueco de una hoja de lechuga. Coloque la barquita sobre una fuente y repita hasta acabar con el tabulé. Sirva las barquitas en su fuente a modo de ensalada o junto con el plato principal.

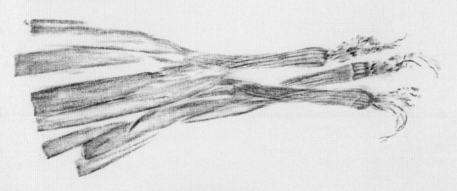

Ensalada de tomate con melaza de granada
Gavurdagi salatasi

La primera vez que probé esta ensalada en Estambul me quedé estupefacta por su asombrosa sencillez. ¿Cómo es posible que un chorrito de melaza de granada transforme una ensalada de tomate corriente en algo tan rico y extraordinario? Se trata de un plato tan especial que es el acompañamiento perfecto para cualquier comida. Siempre que la preparo hay alguien que me pregunta por la receta, puesto que piensan que el aderezo encierra algo fuera de lo común, pero a nadie se le ocurre que ese ingrediente mágico es un buen chorro de melaza de granada. Me gusta hacer este plato en particular con tomates pera *baby* o, en verano, con las variedades sabrosas de tomates amarillos y verdes.

PARA 6 COMO ACOMPAÑAMIENTO

600 g de tomates

2 pimientos verdes largos turcos cortados en rodajas, o 1 pimiento verde cortado en tiras finas

1 cebolla roja grande cortada por la mitad y en rodajas finas

2 cucharaditas de zumaque y un poco más para decorar

4 cucharadas de melaza de granada

sal

aceite de oliva virgen extra

100 g de nueces en mitades para decorar

✻ Si va a preparar esta ensalada con tomates grandes, píquelos en dados de unos 2 cm, o córtelos simplemente por la mitad si va a usar tomates *cherry* o pera *baby*. Preparar este plato no encierra ningún secreto ni tampoco es necesaria la precisión: corte los tomates como desee.

✻ Coloque los tomates, las rodajas o las tiras de pimiento y la cebolla en una fuente plana.

✻ En un cuenco, mezcle el zumaque, la melaza de granada, la sal al gusto y un chorrito de aceite de oliva virgen extra. A continuación, riegue bien la ensalada con el aderezo. Decore con las nueces, espolvoree con zumaque y sirva.

Ensalada turca de alubias blancas
Piyaz

El *piyaz* es una de las ensaladas más comunes en Turquía. Ésta es la versión que se prepara en Anatolia, que lleva *tahina*, lo que le da una nueva dimensión al plato. A mí me encanta comer esta ensalada como plato único, sin ningún acompañamiento. El aderezo le aporta la acidez justa para contrarrestar la mantecosidad de la *tahina*, y la cebolla le añade sabor y textura.

PARA 4-5 PERSONAS
COMO ACOMPAÑAMIENTO

800 g de alubias blancas en conserva, escurridas y enjuagadas

2 cebollas rojas cortadas por la mitad y en rodajas finas

1-2 cucharadas de pimienta de Alepo (o *pul biber*)

40 g de perejil (sólo las hojas) picado grueso

1 diente de ajo grande majado

el zumo de 1 ½ limones

3 cucharadas de *tahina*

3 cucharadas de aceite de oliva

2 cucharadas de vinagre de vino tinto

sal

pimienta negra recién molida

✻ Ponga en una ensaladera las alubias, las rodajas de cebolla, la pimienta de Alepo y el perejil, y mézclelo todo bien.

✻ Para preparar el aderezo, eche el ajo majado en un cuenco, añada el zumo de limón y la *tahina* y remueva hasta que esté todo mezclado. Incorpore a continuación el aceite de oliva y el vinagre, y sazone generosamente con sal y pimienta. Mezcle muy bien. Si desea que quede un poco más líquido, agregue un poco de agua fría hasta alcanzar la consistencia idónea para regar toda la ensalada.

✻ Vierta el aderezo sobre la ensalada, remueva con cuidado y pruebe y rectifique de sal si es necesario antes de servir.

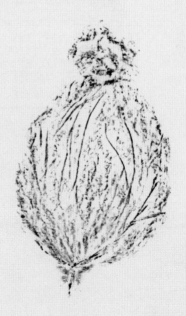

Ensalada de trigo *bulgur* *Kisir*

Siempre me quedo impresionada con lo que son capaces de hacer los turcos con un ingrediente tan sencillo como el trigo *bulgur*. Esta ensalada es un acompañamiento frío estupendo para cualquier plato, y suele incluirse en las celebraciones turcas. Pero a mí me gusta servirla con pollo a la parrilla para convertirla en una comida completa, dentro de un pan plano o envuelta en una tortilla de trigo grande con un poco de queso feta para hacer unos bocadillos de primera. Si lo desea, también puede servirla en hojas de cogollos de lechuga. El *kisir* puede prepararse tanto muy especiado como sin especiar; esta versión es más bien picante, de modo que elimine la guindilla si lo prefiere.

PARA 4 PERSONAS
COMO ACOMPAÑAMIENTO

250 g de trigo *bulgur*

160 ml de agua hirviendo

1 cucharada de pasta de chile

el zumo de 1 limón

2 cucharadas de concentrado de tomate

2 cucharadas de melaza de granada

5 cucharadas de aceite de oliva virgen extra

2 cucharaditas de sal gruesa

pimienta negra recién molida

5 tomates maduros bien picados

1 manojo de cebollas tiernas bien picadas

20 g de menta (sólo las hojas) bien picada

20 g de perejil (sólo las hojas) bien picado

100 g de granos de granada

✳ Ponga el trigo *bulgur* en un plato grande y vierta encima el agua hirviendo. Cuando la haya absorbido (transcurridos 15 minutos), páselo a una ensaladera grande.

✳ Añada a continuación la pasta de chile, el zumo de limón, el concentrado de tomate, la melaza de granada, el aceite de oliva virgen extra, la sal y la pimienta negra y mézclelo todo bien con los granos de *bulgur* ayudándose de las manos. Luego agregue los tomates, las cebollas tiernas, las hierbas aromáticas frescas y los granos de granada, y mezcle de nuevo. Pruebe y rectifique de sal o añada un poco más de zumo de limón si es necesario.

✳ Deje reposar la ensalada unos 10 minutos antes de servir.

Ensalada de quinua con pistachos tostados, limones en conserva y calabacines

La quinua necesita algún acompañamiento que le aporte sabor, pero no hace falta tener mucha imaginación para transformar de arriba abajo este grano ancestral en algo singular y único. Tengo una debilidad especial por los pistachos —como seguramente habrá advertido por el número de recetas en las que aparecen a lo largo de este libro—, puesto que soy persa. Tuéstelos en una sartén, hasta casi quemarlos, y adquirirán un aroma ahumado intenso que es el toque clave de este plato. Los limones en conserva son salados y contribuyen también a ensalzar la quinua.

PARA 4-6 PERSONAS
COMO ACOMPAÑAMIENTO

150 g de quinua

100 g de pistachos pelados

aceite de oliva

2 calabacines grandes cortados en rodajas de 1 cm de grosor

1 manojo pequeño de menta (sólo las hojas) bien picada

6-8 limones en conserva, sin pepitas y bien picados

el zumo de ½ limón

sal

pimienta negra recién molida

2 cucharadas colmadas de semillas de neguilla

✳ Eche la quinua en un cazo, cubra con agua y ponga al fuego hasta que hierva. Baje el fuego al mínimo y deje hervir suavemente durante 15 minutos. Luego escúrrala y enjuáguela bajo un chorro de agua hasta que se enfríe. Espere a que escurra toda el agua posible y luego pase la quinua a una ensaladera grande.

✳ En una sartén grande a fuego medio, tueste los pistachos sin aceite de ninguna clase durante 3 o 4 minutos, removiéndolos con suavidad sin parar para que no se ennegrezcan demasiado o se quemen. A continuación, reserve.

✳ Eche una cantidad mínima de aceite en la misma sartén y fría las rodajas de calabacín 3 minutos por cada lado, hasta que adquieran un buen color sin cocinarse del todo. Ponga las rodajas sobre una tabla y córtelas por la mitad.

✳ Añada los calabacines a la ensaladera con la quinua, incorpore la menta picada, los limones en conserva, 3 cucharadas de aceite de oliva y el zumo de limón, y sazone con sal y pimienta negra al gusto. A continuación, mezcle todo bien. En último lugar, añada los pistachos tostados y las semillas de neguilla, y remueva la ensalada una última vez. Sirva de inmediato.

Ensalada Olivieh

Ésta es una de las ensaladas más populares de Irán, y se cree
que debe su existencia a la influencia de Rusia y su ensaladilla,
que se elabora a base de patatas, guisantes, zanahorias y mayonesa.
Nosotros hemos hecho nuestra propia versión: hemos quitado la
zanahoria y añadido pollo, huevos cocidos y pepino, que la mejoran
mucho según mi opinión. También me gusta ponerle cebollas tiernas
y cilantro, y aligerarla con una mezcla de yogur griego y mayonesa,
de modo que parezca menos grasa y pesada. A menudo se emplea
como relleno de sándwiches y, sorprendentemente, también está
riquísima. No ponga mala cara antes de probarla...

PARA 8-10 PERSONAS

750 g de patatas para cocer
(Charlotte o patatas nuevas van bien)

1 pollo mediano asado entero
sin piel ni huesos, desmenuzado

300 g de pepinillos encurtidos (mejor
en salmuera, no en vinagre) bien picados

2 manojos de cebollas tiernas
bien picadas

8 huevos camperos grandes cocidos
y picados gruesos

1 manojo grande de cilantro
(sólo las hojas) bien picado

150 g de guisantes (frescos o congelados)
hervidos durante un par de minutos
y luego escurridos

4 cucharadas de mayonesa

el zumo de 1 limón o un poco más,
al gusto

6 cucharadas de yogur griego

2 cucharadas de aceite de oliva

sal

pimienta negra recién molida

✳ Ponga al fuego una cacerola grande con agua a hervir
y cueza las patatas hasta que estén tiernas. No las cocine
más de la cuenta (con unos 12 minutos es suficiente,
aunque todo depende del tamaño). Escurra y métalas
a continuación en agua helada para cortar la cocción.
Cuando estén frías, escúrralas de nuevo y trocéelas en
dados de unos 2,5 cm.

✳ En una ensaladera grande, mezcle las patatas con
el pollo desmenuzado, los pepinillos picados, las
cebollas tiernas, los huevos, el cilantro y los guisantes.
A continuación, remueva cuidadosamente con las manos
procurando no aplastar los ingredientes.

✳ En un cuenco, bata la mayonesa junto con el zumo
de limón, el yogur griego, el aceite de oliva y una buena
cantidad de sal y pimienta negra. Vierta el aderezo sobre
los ingredientes de la ensalada y remueva con una espátula
de madera. Algunas patatas y trozos de huevo se aplastarán
y se mezclarán con el aderezo, que es exactamente lo que
debe ocurrir, así que no se preocupe (eso hace el plato
aún más sabroso). Enfríe la ensalada en la nevera durante
al menos una hora antes de servir.

Ensalada de pollo y alcachofa con yogur

Me encanta una buena ensalada de pollo a la parrilla, pero la verdad es que estoy un poco harta de la César con pollo, ya que el aderezo resulta demasiado calórico. Hace ya años que comencé a utilizar el yogur como aliño, aunque, en mi opinión, no se valora lo suficiente. Para la propia ensalada, he elegido berros o rúcula, puesto que sus sabores picantes añaden sensaciones sorprendentes al plato. También me fascinan los corazones de alcachofa en conserva. Puedo comérmelos con cualquier cosa, de modo que queda claro por qué esta ensalada es una de mis preferidas.

PARA 4-6 PERSONAS

6 pechugas de pollo sin piel ni huesos

aceite de oliva, para pintar

sal

pimienta negra recién molida

300 g de berros

500 g de corazones de alcachofas en aceite, escurridos y cortados por la mitad

100 g de nueces en mitades

20 g de cebollino, cada tallo cortado en 3 trozos

20 g de perejil (sólo las hojas) cortado en trozos grandes

20 g de menta (sólo las hojas) cortada en trozos grandes

2 cebollas rojas cortadas por la mitad y en rodajas finas

2 guindillas cortadas en rodajas finas

300 g de queso feta

Para el aderezo de yogur

300 g de yogur griego

1 diente de ajo grande majado

1 cucharada de zumaque

1 cucharadita de menta seca

la ralladura de 2 limones y el zumo de 1 ½

4 cucharadas de aceite de oliva

* Ponga a fuego vivo una plancha (o una sartén si lo prefiere). Coloque las pechugas de pollo entre dos capas de film transparente y golpéelas con un rodillo de amasar o un ablandador de carne hasta dejarlas de un grosor regular. Comience a golpear en el centro de cada pechuga y siga hacia los bordes. Pinte cada una con aceite de oliva y sazónelas por sus dos caras con sal y pimienta negra. Cocínelas a la plancha durante unos 6 minutos por cada lado (depende del grosor de las pechugas) o hasta que estén bien hechas. Retire del fuego y reserve para que reposen.

* Para preparar el aderezo, ponga todos los ingredientes del mismo en un cuenco con sal y pimienta negra al gusto y bata hasta que estén bien mezclados.

* En una ensaladera, eche los berros, las alcachofas, las nueces, las hierbas aromáticas, las cebollas, las guindillas y una pizca de sal y pimienta negra. Desmenuce el queso feta en pedazos de unos 2,5 cm y remueva cuidadosamente con el resto de los ingredientes. Corte las pechugas de pollo en tiras finas, casi deshébrelo, para luego añadirlo a la ensalada y remover con delicadeza hasta que todo esté bien repartido.

* Disponga la ensalada en una fuente plana y riéguela bien con el aderezo antes de servir.

Ensalada de judía verde e higo con melaza de dátiles y almendras tostadas

Ahora que usted pensaba que la melaza de granada era lo más en mi cocina, voy yo y le propongo una ensalada con melaza de dátiles. La verdad es que la melaza o jarabe (un concentrado al cien por cien de zumo puro del ingrediente del que provenga) se puede elaborar con frutos variados: dátiles, uvas, moras, zumaque o cerezas, por ejemplo. La parte negativa es que la mayoría de estos jarabes son difíciles de encontrar, a menos que viva usted cerca de un establecimiento de comida de Oriente Próximo.

PARA 4 PERSONAS

400 g de judías verdes redondas, limpias y recortadas

3 cucharadas de aceite de oliva

1 cucharada de vinagre de vino tinto

2 cucharaditas de sal gruesa

3 cucharadas de melaza de dátiles

8 brevas o higos grandes en cuartos

70 g de almendras tostadas en láminas

❖ **Sugerencia**

El aderezo con la melaza de dátiles es perfecto para completar esta ensalada de higos, pero un vinagre balsámico añejo de muy buena calidad dará también un resultado estupendo; únicamente, evite el vinagre de vino tinto.

❖ Ponga una olla con agua a fuego vivo para que rompa a hervir y cueza las judías verdes durante 5 minutos o hasta que estén tiernas pero tengan un punto crujiente. Escúrralas y sumérjalas de inmediato en agua helada, o póngalas bajo un chorro de agua fría para cortar la cocción. Una vez frías, escúrralas muy bien.

❖ Para hacer el aderezo, ponga el aceite con el vinagre, la sal y la melaza de dátiles en un cuenco y remueva bien hasta que adquiera una textura homogénea.

❖ Coloque los higos y las judías en una fuente grande y riegue con el aderezo. Esparza por encima las almendras laminadas antes de servir.

Ensalada de hinojo y manzana con eneldo y granada

Esta ensalada es capaz de seducir incluso a aquellos a quienes no les gusta el hinojo. El aderezo de limón suaviza los aromas anisados, y el dulzor de la manzana y de la granada la convierten en un acompañamiento delicado y refrescante para una comida. Es tan preciosa a la vista como sabrosa en aromas, que en cada bocado se avivan con el eneldo que la perfuma.

PARA 6 PERSONAS

COMO ACOMPAÑAMIENTO

3 bulbos grandes de hinojo limpios y pelados

aceite de oliva

el zumo de 2 limones

2 manzanas grandes (yo uso Braeburn o Cox, pero sirve cualquier variedad)

20 g de eneldo (sólo las hojas) picado grueso

100 g de granos de granada

sal

pimienta negra recién molida

✳ Lave los bulbos de hinojo y pártalos en 4 trozos. Con un cuchillo muy afilado, córtelos en juliana muy fina y échelos en una ensaladera grande. Riegue con un buen chorrito de aceite de oliva y la mitad del zumo de limón, y remueva muy bien para evitar que el hinojo se ennegrezca.

✳ Lave las manzanas y córtelas en cuartos para retirar los corazones. A continuación, corte en rodajas finas cada cuarto. Incorpórelas a la ensaladera del hinojo junto con el eneldo picado, los granos de granada y el resto del zumo de limón, y mezcle bien para que todos los ingredientes queden impregnados con el aderezo. Sazone al gusto con sal y un poco de pimienta negra.

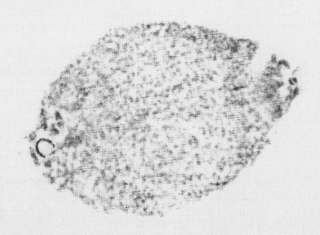

Ensalada *Shirazi*

Con el nombre de la ciudad de Shiraz en su denominación (que también es el lugar del que proviene el nombre de la variedad de uva syrah), este plato es casi la ensalada nacional de Irán, si es que podemos decir que tenemos una ensalada nacional. El *shirazi* es el acompañamiento habitual para la mayoría de las comidas. Hay otras versiones de esta receta, entre ellas, la india *kachumber*, la afgana o la israelí, muy parecidas. Me gusta añadirle granos de granada y un poco de zumaque para reversionarla, pero incluso sin ellos resulta muy refrescante y es una de mis claras favoritas.

PARA 4-6 PERSONAS

1 pepino

6 tomates en rama cortados por la mitad y sin semillas

1 cebolla roja

aceite de oliva

tres pellizcos generosos de sal

pimienta negra recién molida

el zumo de 1 limón

2 cucharaditas colmadas de zumaque

200 g de granos de granada

❀ Lave el pepino y los tomates. Corte el pepino en dados pequeños. El mejor modo de hacerlo es cortar primero el pepino a lo largo y luego cortar cada mitad en tiras de 1 cm de grosor. A continuación, corte esas tiras a lo largo en palitos de 5 mm y para terminar córtelos en dados pequeños. Póngalos en una ensaladera.

❀ Corte cada mitad de tomate en 3 trozos, y cada uno de esos trozos en tiras de 5 mm. De cada una de las tiras, haga dados pequeños, como con el pepino, y añádalos a la ensaladera.

❀ Pele la cebolla retirando las capas exteriores de piel más dura y córtela por la mitad de arriba abajo. Pique muy finas las dos mitades: primero retire el centro duro de la parte inferior, luego corte en rodajas de 3 mm cada mitad, para a continuación girarla y cortarla a su vez en rodajas de 3 mm, con lo que conseguirá dados perfectos de cebolla. Échelos también en la ensaladera.

❀ Riegue la mezcla con un buen chorro de aceite de oliva. Sazone con sal y un poco de pimienta negra, vierta por encima el zumo de limón y remueva muy bien para repartir el aderezo por igual. En este momento puede espolvorear el zumaque y los granos de granada. Meta la ensalada en el frigorífico durante unos 20 minutos, puesto que sabe mucho mejor si se sirve bien fría.

Ensalada de arroz rojo con agracejo, hortalizas a la parrilla y almendras tostadas

El arroz rojo de la Camarga es un ingrediente estupendo para las ensaladas. Su aroma a fruto seco y su textura hacen de él el vehículo perfecto para multitud de aromas e ingredientes. Me gusta aderezar la ensalada con una vinagreta de naranja y miel, que el arroz absorbe, por lo que los granos adquieren un delicioso sabor. En este plato cabe casi de todo, aunque ésta es mi mezcla preferida: hortalizas a la parrilla, almendras enteras tostadas y bayas de agracejo para añadirle un toque ácido y crujiente. Sírvala con pescado o pollo a la parrilla, o tal cual, como plato único.

PARA 6-8 PERSONAS
COMO ACOMPAÑAMIENTO

250 g de arroz rojo de la Camarga

2 puñados de bayas de agracejo (o cerezas o arándanos rojos secos sin endulzar)

1 cebolla roja bien picada

aceite de oliva

sal

pimienta negra recién molida

el zumo de ½ naranja

2 cucharadas de miel

3 cucharadas de vinagre de vino tinto

1 calabacín grande cortado a lo largo en tiras anchas de 5 mm

1 berenjena grande cortada en rodajas de 1 cm de grosor

300 g de pimientos rojos asados en aceite, escurridos y picados gruesos

40 g de perejil (sólo las hojas) bien picado

20 g de cilantro (sólo las hojas) bien picado

100 g de almendras enteras escaldadas tostadas

✼ Cocine el arroz siguiendo las instrucciones del envase. A continuación, enjuáguelo bien bajo un chorro de agua fría y escúrralo.

✼ Ponga el arroz, las bayas de agracejo y la cebolla en una ensaladera grande, y riegue abundantemente con aceite de oliva. Añada una buena cantidad de sal y pimienta negra, el zumo de naranja, la miel y el vinagre. Reserve la ensalada para que el arroz repose y se empape de todos los aromas mientras usted se dedica a preparar las hortalizas.

✼ Ponga una parrilla a fuego medio-vivo. Pinte con aceite de oliva las tiras de calabacín y áselas durante 4 o 5 minutos por ambos lados. Páselas a una tabla de cortar y reserve.

✼ Pinte las rodajas de berenjena con una capa generosa de aceite de oliva y cocínelas en la parrilla durante 8 minutos por cada lado más o menos, o hasta que su textura se suavice y estén bien hechas. Retírelas de la parrilla a una tabla de cortar y resérvelas.

✼ Corte en trozos grandes las tiras de calabacín y las rodajas de berenjena en dados. Añádalos al arroz junto con los pimientos, las hierbas aromáticas y las almendras tostadas y mezcle bien antes de servir.

Ensalada *fatush*

Si ha ido alguna vez a un restaurante libanés, habrá comprobado que siempre hay dos ensaladas en la carta: tabulé y, desde luego, *fatush*. A mí me encanta el tabulé, pero encuentro que el *fatush* es más una ensalada en el sentido estricto, y además lleva como propina unos cuantos picatostes. Los elementos crujientes de esta ensalada hacen que siempre me haya parecido la más apetecible... aparte de que el aderezo, sencillo como pocos, contrarresta a la perfección cualquier comida fuerte de Oriente Próximo.

PARA 6 PERSONAS

2 panes de pita grandes o *khobz* (preferiblemente del día anterior), o cualquier otro pan plano de su gusto

400 g de tomates *cherry* o pera *baby* cortados en trozos grandes

4 corazones de lechuga romana o cogollos cortados por la mitad y en trozos grandes

1 pepino grande cortado por la mitad a lo largo y en rodajas de 1 cm

1 pimiento rojo limpio, sin semillas y cortado en dados de 2,5 cm

1 pimiento verde limpio, sin semillas y cortado en dados de 2,5 cm

200 g de rábanos limpios y cortados en cuartos

1 manojo de cebollas tiernas cortadas en rodajas finas

20 g de perejil (sólo las hojas) bien picado

20 g de menta (sólo las hojas) bien picada

1 cucharada colmada de zumaque y un poco más para decorar

5 cucharadas de aceite de oliva

el zumo de 1 ½ limones

sal

pimienta negra recién molida

✳ Precaliente el horno a 200° C. Forre una bandeja de horno con papel antiadherente.

✳ Corte el pan de pita en cuadrados de unos 4 cm más o menos y repártalos en la bandeja. Tuéstelos en el horno durante 15 minutos o hasta que estén muy crujientes.

✳ Ponga todos los ingredientes de la ensalada en una ensaladera grande y espolvoree el zumaque, riegue con el aceite de oliva y el zumo de limón, y sazone con sal y pimienta negra al gusto. Remueva muy bien la ensalada para que todos los ingredientes queden bien cubiertos con el aderezo. Sírvala en montoncitos altos, rematados con los picatostes y un poquito más de zumaque espolvoreado.

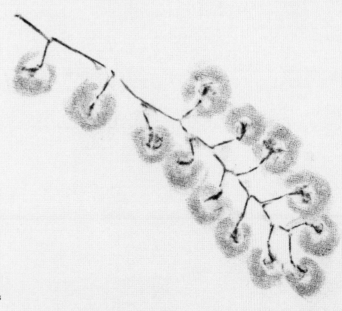

Berenjenas a la parrilla con yogur de azafrán, perejil y guindillas encurtidas

Las distintas culturas de Oriente Próximo sienten verdadera veneración por la berenjena; a mí me encanta a la parrilla, lo que le da cierto aroma de carne gracias a la acción de las brasas. El azafrán es la especia más cara del mundo, y el más puro y de mejor calidad procede de Irán. En mi opinión, el yogur perfumado con el potente aroma del azafrán es el acabado perfecto para las berenjenas a la parrilla.

PARA 4 PERSONAS

2 berenjenas grandes o 3 pequeñas cortadas en rodajas de 1 cm de grosor

aceite de oliva, para pintar

dos pellizcos generosos de hebras de azafrán majado en el mortero

2 cucharadas de agua hirviendo

250 ml de yogur griego

2 cucharadas de aceite de ajo

sal

20 g de perejil (sólo las hojas) picado grueso

8 guindillas rojas encurtidas cortadas en rodajas finas

1 cucharadita de semillas de neguilla

✳ Precaliente una parrilla a fuego medio-vivo. Pinte las rodajas de berenjena con aceite de oliva por una cara y áselas, churruscándolas, durante unos 6 u 8 minutos por cada lado, hasta que su textura se ablande, estén bien hechas y con las marcas de la parrilla; pinte el lado contrario con más aceite antes de darles la vuelta. Reserve.

✳ Maje bien en el mortero el azafrán hasta convertirlo en polvo, vierta encima el agua hirviendo y deje en infusión durante al menos 15 minutos. Una vez transcurrido ese tiempo, eche el agua de azafrán ya fría en el yogur junto con el aceite de ajo y unos pellizcos de sal y pimienta negra, y remueva muy bien. Si quiere que el aderezo quede más líquido, mézclelo con hasta 5 cucharadas de agua.

✳ Coloque las rodajas de berenjena en una fuente y riegue generosamente con el yogur de azafrán. A continuación, espolvoree el perejil picado y remate con las rodajas de guindilla encurtida. Por último, reparta por encima los granos de neguilla y sirva.

Tortitas vegetales con salsa de tamarindo y dátiles

Este delicioso plato, similar al *Rösti* suizo, se prepara con otros tubérculos además de con patatas, pero las especias de Oriente Próximo lo transforman en algo completamente distinto y muy sugestivo. Me encanta servir estas tortitas especiadas con mi salsa de tamarindo y dátiles, pues con su toque agridulce es el acompañamiento perfecto.

PARA 14-16 UNIDADES

500 g de patatas (yo las prefiero para cocer, pero para freír también sirven), lavadas y cepilladas

1 manojo de cebollas tiernas cortadas en rodajas finas

2 zanahorias ralladas gruesas

1 chirivía rallada fina

1 remolacha grande rallada fina

2 cucharaditas de comino molido

2 cucharaditas de cúrcuma molida

2 cucharaditas de cilantro molido

1 manojo pequeño de cilantro (sólo las hojas) bien picado, y un poco más para decorar

2 guindillas rojas pequeñas bien picadas (opcional)

2 huevos camperos grandes

2 cucharadas rasas de harina de trigo

sal y pimienta negra recién molida

aceite de girasol, para freír

Para la salsa de tamarindo y dátiles

100 g de dátiles deshuesados y picados gruesos

50 g de pasta de tamarindo

3 cucharadas de miel

1 cucharadita de comino molido

½ cucharadita de jengibre molido

1 cucharadita de sal gruesa

un chorrito de zumo de limón

400 ml de agua caliente

✳ Ponga un cazo grande con agua con sal a hervir. Cueza las patatas con piel durante 10 o 15 minutos (dependerá del tamaño). Con la ayuda de un palillo, pinche una patata: el exterior deberá estar cocinado, pero el interior deberá estar aún algo duro. Escurra las patatas, ponga el cazo en el fregadero y abra el grifo para enfriarlas.

✳ Para hacer la salsa de tamarindo y dátiles, ponga todos los ingredientes en un cuenco y mezcle bien. A continuación tritúrelos con una batidora de mano hasta que la mezcla sea homogénea y lisa. Caliente un cazo pequeño a fuego medio, vierta la mezcla en su interior y espere a que comience a hervir suavemente. En este momento deberá decidir si desea añadir un poco más de agua para aligerar la mezcla. Si así fuese, agregue un poco más y deje hervir a fuego suave durante unos 5 minutos. Retire el cazo del calor y reserve.

✳ Una vez que las patatas se hayan enfriado, escúrralas, séquelas y, sin pelarlas, rállelas en una ensaladera grande. Incorpore el resto de los ingredientes, excepto el aceite, y remuévalo todo hasta que la mezcla esté lisa y uniforme, bien sazonada con sal y pimienta.

✳ Encienda el horno a la temperatura mínima. Forme tortitas pequeñas con la mezcla, de unos 7 cm de diámetro.

✳ Caliente una sartén grande a fuego medio y eche una buena cantidad de aceite. Fría varias tortitas cada vez, sin sobrecargar la sartén. Dórelas unos 6 u 8 minutos por cada lado. Conserve calientes las tandas ya fritas en el horno mientras termina de hacer el resto.

✳ Sírvalas regadas con un chorrito generoso de la salsa de dátiles y tamarindo, y espolvoree con un puñado de cilantro picado.

Berenjenas con *kashk* persa

El *kashk* es una sustancia espesa, casi como el queso, que ahora se pasteuriza y se vende en conserva en tiendas persas y de Oriente Próximo. Me vuelve loca. Es lo bastante salado para sentir en los labios un picor intenso cuando se degusta, pero si se mezcla con berenjenas y cebollas fritas, el resultado es sublime. Cuando di a conocer por primera vez este plato en mi *supper club*, me aterrorizaba que no fuera bien recibido, pero, para mi sorpresa, se ha convertido en uno de los más populares de los que he incluido en mis menús. Sírvase una buena cucharada sobre un trozo de pan plano, le garantizo que jamás habrá saboreado nada igual.

PARA 6-8 PERSONAS

aceite de girasol

750 g de cebollas blancas cortadas por la mitad y en rodajas de 5 mm

5 berenjenas grandes

340 g de *kashk* persa (medio bote grande, más o menos), *labneh* o yogur griego

sal

❊ Ponga una cacerola grande con tapa a fuego medio-vivo si su cocina es de gas o vivo si es eléctrica, y vierta unos 5 cm de aceite. Cuando esté caliente, incorpore las rodajas de cebolla para que se frían hasta que estén bien doradas, casi quemadas. Cuando estén hechas, retírelas con cuidado con una espumadera y deje que escurran el exceso de aceite sobre papel de cocina. Aparte la cacerola del fuego, pero no retire el aceite que haya quedado.

❊ Quite los pedúnculos a las berenjenas y pélelas con cuidado con un cuchillo pequeño (los cuchillos para tomates con hoja de sierra son ideales para esta tarea). Córtelas en rodajas de 2,5 cm de grosor y éstas, a su vez, en dados de 4 cm aproximadamente.

❊ Vuelva a poner la cacerola a fuego medio si su cocina es de gas o medio-vivo si es eléctrica y fría las berenjenas troceadas hasta que estén bien hechas. Puede que no le quepan todas de una vez, en cuyo caso deberá ir añadiendo más poco a poco a la cacerola, puesto que se reducirán a la mitad de su volumen cuando comiencen a estar tiernas. Aunque le parezca que debe agregar una buena cantidad de aceite para evitar que las berenjenas se peguen al fondo, no hará falta, porque éstas soltarán mucho aceite cuando estén ya hechas. Para acelerar su cocción, tape la cacerola y permita que se hagan con su propio vapor, pero vigílelas de cerca y remuévalas a menudo para evitar que se peguen.

✻ Cuando las berenjenas estén muy suaves y hayan tomado un poco de color, con la ayuda de una cuchara, retire de la cacerola todo el aceite sobrante y aplaste unos cuantos trozos de berenjena con la parte convexa de la misma, de modo que algunos queden machacados y otros enteros. No se preocupe si algunas piezas no quedan del todo chafadas (es agradable al paladar que haya texturas diferentes). Reserve dos puñados pequeños de cebollas fritas y mezcle bien el resto con la masa de berenjenas. A continuación, añada el *kashk* junto con unos buenos pellizcos de sal y compruebe que el suero se ha incorporado bien a la mezcla. Tómese su tiempo para rebuscar cualquier rincón en el que haya quedado un poco de berenjena pegada al fondo de la cacerola y mezcle con el resto.

✻ Reduzca el fuego al mínimo si su cocina es de gas o a temperatura media si es eléctrica y deje cocer lentamente la mezcla durante una hora y media, o hasta que el color blanco cremoso inicial se transforme en un tono caqui intenso. Retire la cacerola del fuego y sirva en un plato generosamente adornado con las cebollas fritas y crujientes que ha reservado antes.

Zanahorias asadas con comino, aderezo de miel y limón, y queso de cabra

Siempre que compro una bolsa de zanahorias, me quedan más de la mitad sin usar, así que suelo inventar algún modo de convertir unas pocas que estén mustias en una rica guarnición o incluso en un plato principal. Me encanta añadirles comino y, a su vez, el aliño de miel y limón realza su dulzor natural. El queso de cabra se funde después de unos pocos minutos, por lo que la ensalada resulta cremosa y delicada de principio a fin. ¿Quién quiere carne cuando las verduras saben así de bien?

PARA 4-6 PERSONAS

750 g de zanahorias en rodajas de 2,5 cm cortadas al sesgo

aceite de oliva

1 ½ cucharadas colmadas de comino en grano

sal

pimienta negra recién molida

el zumo de 1 limón

3 cucharadas de miel

100 g de queso de cabra tierno

1 manojo de eneldo (sólo las hojas) picado grueso

unos buenos pellizcos de semillas de neguilla

✳ Precaliente el horno a 200° C. Forre una bandeja de horno grande con papel antiadherente.

✳ Coloque las zanahorias cortadas sobre la bandeja y riéguelas generosamente con aceite de oliva. Esparza por encima el comino en grano, sazone bien con sal y pimienta negra, y remueva con las manos para que las zanahorias se impregnen bien de aceite, aromas y sal. A continuación, áselas entre 25 y 30 minutos o hasta que estén cocidas.

✳ Mezcle el zumo de limón con la miel hasta que se disuelva. Saque las zanahorias del horno, riéguelas con la mezcla y revuélvalas cuidadosamente (con los utensilios apropiados) para que el aderezo las cubra bien. A continuación, siga asándolas 8 o 10 minutos más o hasta que estén ligeramente melosas.

✳ Saque las zanahorias del horno y colóquelas en un plato de servir plano. Desmenuce encima el queso de cabra al gusto y finalmente espolvoree con el eneldo picado y las semillas de neguilla.

Espárragos marinados en *harissa*

No hay nada mejor que los espárragos cuando es su temporada. Si, además, se mezclan con la *harissa*, siempre aromática, y el limón chispeante, se convierten en el acompañamiento perfecto para carne, pescado o queso *halloumi*.

PARA 2 PERSONAS

2 cucharadas de aceite de oliva

2 cucharaditas de *harissa*

2 cucharadas de miel

la ralladura y el zumo de 1 limón

dos pellizcos generosos de sal

250 g de espárragos verdes limpios

✳ En un cuenco, bata el aceite de oliva, la *harissa*, la miel, la ralladura y el zumo del limón y la sal, hasta que la miel se haya disuelto por completo.

✳ Coloque los espárragos en una fuente plana y vierta encima la marinada. A continuación, ayudándose de las manos, embadúrnelos bien para impregnarlos con la marinada (puede utilizar guantes de plástico si lo desea). Cubra el plato con film transparente y deje macerar a temperatura ambiente durante unos 30 minutos (pero no más de una hora).

✳ Caliente una sartén grande de fondo grueso (o una parrilla si lo prefiere) a fuego más bien fuerte y áselos durante 8 o 10 minutos, unos 4 o 5 por cada lado. Sírvalos calientes o, ya fríos, como parte de una ensalada.

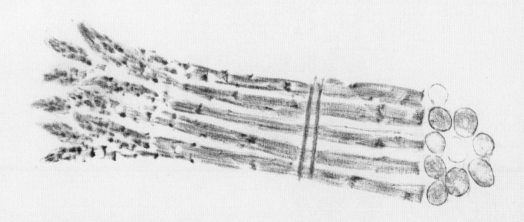

Calabacines *baby* asados con ajo y tomate

A menudo me devano los sesos pensando en cosas atractivas que hacer con los calabacines. Suelo rallarlos para los rellenos de *quiche* o utilizarlos para los buñuelos de verduras, pero asar al horno las verduras siempre hace la vida mucho más fácil. Se coloca todo en una fuente, se sazona bien, se riega con aceite de oliva, se mete en el horno y ¡listo! Cuando, además, le añada un poco de tomate, ajo y algunas especias, las verduras cobrarán vida y dejarán de ser un mero acompañamiento para convertirse en algo más parecido a un plato principal.

PARA 6-8 PERSONAS
COMO ACOMPAÑAMIENTO

600 g de calabacines *baby*

1 cabeza de ajos pelados y cortados en láminas finas

6 tomates maduros grandes, sin semillas y cortados en 8 trozos

1 cucharadita de comino molido

aceite de oliva

sal

pimienta negra recién molida

❋ Precaliente el horno a 200° C. Forre una bandeja de horno con papel antiadherente.

❋ Coloque los calabacines sobre la bandeja ya preparada, reparta encima los ajos laminados y estruje ligeramente los trozos de tomate según vaya colocándolos sobre los calabacines. Riegue con aceite de oliva y espolvoree con el comino y unos pellizcos de sal y pimienta negra.

❋ Ase los calabacines durante 15 minutos o hasta que estén bien hechos. Sirva de inmediato.

Calabaza violín con pesto de pistacho, feta y granos de granada

En Oriente Próximo, la gente suele considerar insípida la calabaza violín. Me he inspirado en un plato asiático de pesto y calabaza que prepara un amigo mío, el chef Toni Singh, para crear el mío propio, con pesto de pistacho persa, queso feta desmenuzado y un buen puñado de granos de granada para añadirle un toque de sabor y color. ¿El resultado? Es una de las recetas más populares de mi *supper club* y ha conseguido convertir incluso a los menos partidarios de la calabaza en sus fans más entusiastas.

PARA 2 PERSONAS
COMO PLATO PRINCIPAL
O PARA 4 COMO ACOMPAÑAMIENTO

1 calabaza violín grande, cortada a lo largo por la mitad y sin semillas

4 cucharadas de aceite de oliva

sal

pimienta negra recién molida

150 g de queso feta

100 g de granos de granada

Para el pesto

100 g de pistachos pelados

70 g de queso parmesano o grana padano en trozos grandes

aceite de oliva

1 manojo pequeño de cilantro (sólo las hojas)

1 manojo pequeño de perejil (sólo las hojas)

1 manojo pequeño de eneldo (sólo las hojas)

3 cucharadas de aceite de guindilla

el zumo de 1 limón

✽ Para hacer el pesto, triture los pistachos en un robot de cocina junto con el queso al tiempo que añade una buena cantidad de aceite de oliva para aligerar la mezcla. A continuación, incorpore todas las hierbas aromáticas, un poco más de aceite de oliva, el aceite de guindilla y el zumo de limón, y triture de nuevo. Es el momento de echar un poco de sal y batir por última vez. Pruebe el pesto para comprobar que está equilibrado de acidez y de sal, y luego déjelo en el frigorífico hasta el momento de servir.

✽ Precaliente el horno a 200° C. Cuando esté caliente, embadurne con aceite cada una de las mitades de calabaza, sazónelas con sal y pimienta negra y colóquelas en una bandeja de horno forrada con papel antiadherente. Ase la calabaza durante 45 o 50 minutos o hasta que empiecen a churruscarse los bordes (esto le da una textura mantecosa muy buena). Para comprobar que está en su punto de cocción adecuado, pinche la carne con un cuchillo: si la atraviesa y luego sale limpio, la calabaza está hecha. Si nota cierta resistencia al atravesarla, vuelva a introducirla en el horno durante unos minutos más.

✽ Sirva las calabazas violín en una fuente y riéguelas bien con el pesto verde brillante. Desmenuce el queso feta y repártalo por encima junto con los granos de granada.

Patatas asadas con cúrcuma y comino

Las patatas no son un ingrediente muy habitual en Oriente Próximo y, cuando se cocinan, no suelen servirse como acompañamiento, como se hace por lo común en Occidente. He creado este plato para mis invitados con una cantidad exagerada de especias que funciona sorprendentemente bien. Es un acompañamiento extraordinario para ternera, pollo o pescado a la parrilla, porque las patatas pueden soportar muchas más especias de lo que jamás habría pensado. Con las sobras, prepare al día siguiente una ensalada de patatas o fríalas con huevos para hacer una tortilla al estilo oriental.

PARA 4 PERSONAS
COMO ACOMPAÑAMIENTO

750 g de patatas nuevas pequeñas lavadas y cepilladas

4 cucharadas de aceite de oliva

2 cucharaditas colmadas de cúrcuma molida

3 cucharaditas colmadas de comino molido

1 cucharadita de pimienta de Cayena

3 cucharaditas de sal gruesa

pimienta negra recién molida

✳ Precaliente el horno a 200° C. Forre una bandeja de horno con papel antiadherente.

✳ Corte las patatas por la mitad. Si va a hacer este plato con un tipo de patatas más grandes, córtelas en dados de unos 2 cm, procurando que sean del mismo tamaño para que se cocinen por igual. Coloque las patatas en la bandeja preparada y reparta sobre ellas el aceite de oliva. A continuación, esparza la cúrcuma, el comino, la pimienta de Cayena, la sal y unos buenos pellizcos de pimienta negra y remueva con las manos para que las patatas queden bien impregnadas con la mezcla de aceite y especias. Extienda las patatas en una sola capa para que se asen bien e introdúzcalas en el horno durante 45 minutos o hasta que estén muy doradas y apetitosas. No olvide que la mezcla de especias habrá teñido las patatas, de modo que, una vez hechas, pueden tener un color dorado más oscuro de lo que podría imaginar en un principio.

✳ Sirva con carne o pollo o desmenuce por encima un poco de queso feta y algunas hierbas aromáticas frescas de su elección para convertir estas patatas en un plato único.

Puré de boniato con ajo asado

Si tuviera que elegir entre boniatos y patatas, siempre me quedaría con los boniatos. Asados, fritos o en puré, de cualquier forma son ligeros y dulces, buenísimos. Esta receta le permitirá añadirles un poco de sabor, lo que es una opción estupenda para variar. A mí me encanta el sabor natural de los boniatos con sólo un poco de sal, pero lo cierto es que el aroma suave a ajo de este plato le da a la pulpa dulce un toque que la hace irresistible. Yo me inclino por servir este puré para acompañar platos de cordero —me parece una asociación estupenda—, pero incluso me gusta comerlo solo, como si fuera una salsa, con chapata.

PARA 4 PERSONAS

- **6 boniatos grandes sin pelar**
- **4 dientes de ajo grandes sin pelar**
- **aceite de oliva, para regar**
- **½ cucharadita de canela molida**
- **sal**
- **pimienta negra recién molida**
- **25 g de mantequilla**
- **melaza de granada, para servir**

✻ Precaliente el horno a 180° C. Ase los boniatos enteros durante una hora o hasta que estén tiernos.

✻ Ponga los dientes de ajo sin pelar en un papel de aluminio doble, vierta encima un poco de aceite y cierre muy bien el paquete. Áselos durante 30 o 35 minutos, o hasta que los dientes queden tiernos y suaves

✻ Cuando los boniatos estén ya hechos, déjelos enfriar un poco (lo suficiente para poder pelarlos) y, con la ayuda de una cuchara, retire la carne a un cazo que habrá puesto a fuego suave.

✻ Pele los dientes de ajo asados y aplástelos en el cazo con los boniatos, un poco de canela y otro poco de sal y pimienta negra. Deje que el puré se haga aún otros 6 u 8 minutos, removiendo sin parar para que no se pegue. Termine incorporando la mantequilla, remueva de nuevo muy bien para integrarla y dejar el puré fino y delicioso. Sirva con un chorrito de melaza de granada por encima.

Calabaza asada con *za'atar*, yogur especiado y guindillas encurtidas

Para demostrar la capacidad del *za'atar* para adaptarse a diversos platos, he amasado esta mezcla de especias con aceite para hacer una pasta y repartirla sobre la calabaza violín antes de asarla en el horno. La calabaza violín, tan sencilla, acompañada con una gustosa salsa de yogur especiado, las guindillas encurtidas bien picantes y adornada con un poco de perejil fresco picado, pasa de ser el telonero para convertirse en la estrella del concierto, lo que es excelente tanto para los vegetarianos como para los carnívoros, puesto que a todos les encantará.

PARA 4 PERSONAS
COMO ACOMPAÑAMIENTO

1 calabaza violín grande

3 cucharadas de *za'atar*

3 cucharadas de aceite de oliva

sal

Para la salsa de yogur especiado

200 g de yogur griego

1 manojo de menta (sólo las hojas) bien picada

2 cucharaditas de zumaque

1 cucharada de cilantro molido

2 cucharadas de aceite de oliva

la ralladura y el zumo de 1 limón

pimienta negra recién molida

Para servir

1 manojo pequeño de perejil (sólo las hojas) bien picado

2 cucharaditas de semillas de neguilla

8 guindillas encurtidas grandes en rodajas finas

❋ Precaliente el horno a 240° C. Forre una bandeja de horno con papel antiadherente.

❋ Corte la calabaza en dos a lo ancho por el punto en el que se engrosa. Luego corte en dos cada parte en el otro sentido. Retire las semillas con una cuchara y vuelva a partir cada trozo por la mitad, de modo que obtenga 8 trozos. Pélelos y córtelos como prefiera.

❋ Haga una pasta con el *za'atar* y el aceite de oliva en un cuenco pequeño y embadurne los trozos de calabaza con ella por fuera hasta que queden bien cubiertos. Pase todos los trozos de calabaza a la bandeja de horno preparada. Sazone con sal y áselos durante 40 o 45 minutos (todo depende del tamaño de los trozos) o hasta que los bordes comiencen a dorarse y casi a churruscarse.

❋ Mientras tanto, mezcle en otro cuenco el yogur con la menta fresca, el zumaque, el cilantro, el aceite de oliva, la ralladura y el zumo de limón, y sal y pimienta negra al gusto. Remueva los ingredientes hasta integrarlos bien, pruebe y rectifique de sal si es necesario.

❋ Saque la calabaza del horno y colóquela en una fuente de servir. Reparta a su gusto el yogur sobre los trozos y esparza por encima el perejil y las semillas de neguilla. Por último, incorpore las guindillas encurtidas. Sirva este plato con carne, pescado e incluso con queso *halloumi* a la parrilla.

Postres y dulces

Bizcocho especiado de zanahoria, pistacho y almendra con crema de agua de rosas

Debo reconocer que no soy una repostera innata, de modo que tengo que trabajar muy duro para inventar recetas que gusten y que se adapten a mi estilo de cocinar. Irán produce gran variedad de frutos secos, pero los pistachos son los reyes. Preparé por primera vez este bizcocho cuando comencé a organizar *supper clubs*, puesto que en Irán no hay postres propiamente dichos. Sabía que mis comensales esperaban un dulce final, y ése es el origen de este bizcocho...

PARA 10 PERSONAS

- 3 huevos camperos grandes
- 200 g de azúcar
- 2 cucharaditas de extracto de vainilla
- 200 g de almendras molidas
- 100 g de coco rallado
- 2 cucharaditas colmadas de canela molida
- 150 g de mantequilla sin sal, derretida
- 2 zanahorias grandes ralladas gruesas
- 100 g de pistachos pelados y picados gruesos
- azúcar glas, para espolvorear

Para la crema de agua de rosas

- 300 g de nata para montar
- 2-3 cucharadas de agua de rosas
- 3-4 cucharadas de azúcar glas
- unos cuantos pistachos troceados

❋ Precaliente el horno a 160° C. Forre un molde desmontable para bizcochos con el suficiente papel antiadherente para cubrir el fondo y las paredes. No tiene que engrasar ni el molde ni el papel, puesto que las grasas de los frutos secos y de la mantequilla ya impiden que el bizcocho se pegue.

❋ Bata los huevos con el azúcar y el extracto de vainilla en un cuenco. Añada las almendras molidas, el coco rallado y la canela, y mezcle bien, para incorporar a continuación la mantequilla derretida y volver a batir cuidadosamente. Agregue las zanahorias ralladas y los pistachos, y mezcle de nuevo. Luego vierta la mezcla en el molde preparado y hornee durante una hora o hasta que el bizcocho sea firme al tacto y tenga una costra en la parte superior. Al cabo de 40 minutos de cocción, compruebe que se está horneando de manera uniforme. Cuando esté listo, déjelo enfriar en su molde, toda la noche si tiene tiempo. Estará más jugoso una vez frío.

❋ Para hacer la crema de agua de rosas, bata la nata junto con el agua de rosas y el azúcar glas, a mano o con una batidora eléctrica, hasta que esté bien espesa y untuosa. Disponga la crema junto a una ración del bizcocho y espolvoree tanto el bizcocho como la crema con azúcar glas y con los pistachos troceados. Se conserva durante más de una semana cubierto con film transparente.

Baklava

En realidad, en Oriente Próximo no preparamos postres. Preparamos té... té y *baklava*. Los orígenes de esta delicia empapada en almíbar no están suficientemente documentados, y muchos países tienen sus propias versiones. Los griegos ponen nueces, los árabes, anacardos y otros frutos secos. Los turcos incorporan pistachos y avellanas, y los persas, almendras y pistachos. Algunos añaden especias y otros no. A mí me gustan con un toquecito de ralladura de cítricos para romper el dulzor. Siempre servimos los *baklava* con té negro.

PARA 8-10 PERSONAS

300 g de almendras molidas

100 g de pistachos pelados (o escaldados) en láminas

100 g de azúcar

la ralladura fina de 2 naranjas

la ralladura fina de 1 lima

semillas de 6 vainas de cardamomo verde, molidas en el mortero

1 pizca de canela molida

150 g de mantequilla sin sal, derretida

12 hojas de pasta filo

Para el almíbar

200 ml de agua

1 cucharada de zumo de limón

300 g de azúcar

✻ Mezcle las almendras molidas, los pistachos, el azúcar y las ralladuras de naranja y lima con el cardamomo molido y la canela, y reserve.

✻ Precaliente el horno a 180° C. Busque una bandeja cuadrada refractaria de 25 o 30 cm de lado y pinte el fondo con mantequilla derretida. A continuación, cubra el fondo de la bandeja con 6 hojas de pasta filo. Dispóngalas de forma que haya masa sobrante suficiente para que sobresalga de los bordes de la bandeja y así poder doblarla hacia dentro más tarde, cuando tenga que cerrar el *baklava*. Pinte la masa del fondo con abundante mantequilla derretida, luego reparta por encima el picadillo de frutos secos y apriételo con suavidad. Con 5 hojas de pasta filo de las 6 que quedan, cubra el picadillo y déjelo lo más liso posible. Luego doble hacia dentro la masa que sobresale de la bandeja. Coloque encima la última hoja para cerrar bien el *baklava*. Pinte la capa superior con más mantequilla derretida.

✻ Con un cuchillo afilado, trace rombos o cuadrados sobre la capa superior de la pasta del *baklava*. Hornee durante 25 o 30 minutos o hasta que la pasta esté bien dorada.

✻ Para preparar el almíbar, eche el agua y el zumo de limón en un cazo a fuego medio-bajo y añada el azúcar para que se disuelva. Remueva de vez en cuando hasta que el líquido comience a espesar, al cabo de 20 o 25 minutos.

✻ Saque el *baklava* del horno y vierta de inmediato el almíbar caliente por encima, procurando que se introduzca por todos los cortes que hizo antes de hornearlo. Para cortarlo, espere a que se enfríe por completo y no lo desmolde.

Dulces fritos al azafrán con azúcar de pistacho y eneldo
Zoolbia

Estos dulces son perfectos para terminar una comida acompañados con un poco de té negro. Lo habitual es empaparlos en un almíbar, pero yo prefiero espolvorearlos con un poco de azúcar de eneldo y pistacho, mucho más ligero. Si el eneldo no es de su gusto, puede hacerlo con albahaca o menta.

PARA 16 UNIDADES APROX.

175 g de harina de trigo

una pizca de sal

7 g de levadura ultrarrápida de panadería

250 ml de agua tibia

75 g de yogur griego

un pellizco de hebras de azafrán molido en el mortero y disuelto en 2 cucharadas de agua hirviendo

500 ml de aceite de girasol

Para el azúcar de eneldo y pistacho

70 g de pistachos pelados

un buen puñado de eneldo (sólo las hojas) picado fino

150 g de azúcar

✳ Tamice la harina en un cuenco y añada la sal y la levadura. Vierta el agua templada y el yogur, y mezcle bien. Incorpore el agua de azafrán y remueva hasta que la masa adquiera un bonito color amarillo pálido. Cubra el cuenco con film transparente y deje reposar durante un par de horas a temperatura ambiente.

✳ Triture bien finos los pistachos con el eneldo en un robot de cocina. En un tazón, mézclelos con el azúcar y emplee un tenedor para deshacer los grumos que hayan quedado, hasta conseguir un azúcar de color verde pálido uniforme. Consérvelo en un envase de cierre hermético.

✳ Caliente el aceite de girasol en una cacerola grande sin que llegue a humear. A mí me gusta utilizar biberones de cocina para dejar caer la masa en la sartén, aunque también puede utilizar una manga pastelera con una boquilla muy pequeña o dejar escurrir la masa desde una cuchara para hacer los dulces con la forma que desee.

✳ Empiece a dejar caer la masa sobre el aceite, moviendo el biberón o la manga pastelera con rapidez para formar una especie de encaje o de puntilla (procure que el dulce sea pequeño, puesto que se inflará cuando se fría). Compruebe que está bien frito al cabo de un minuto y medio, en cuyo momento deberá darle la vuelta con sumo cuidado con un tenedor para freírlo durante otros 30 segundos más o menos. A continuación, retire el dulce a un plato con papel de cocina para que escurra el exceso de aceite. Repita el mismo proceso, pero ahora deje caer 2 o 3 piezas cada vez, hasta que haya acabado con la masa y todos los dulces estén fritos. Espolvoree cada uno con un poco del azúcar perfumado y sirva de inmediato.

Galletas de pistacho y limón

En mi opinión, fuera quien fuese el creador de estas galletas es un auténtico dios. Las mejores que he comido jamás las probé en Escocia —las llaman *shortbreads*— y no he conseguido igualar su textura y su sabor sublimes. No obstante, eso no me ha desanimado a hacerlas en casa. Como persa que soy, tiendo a echarle pistachos a todo. En estos dulces los he mezclado con un poco de ralladura de limón y algo de vainilla fragante; el resultado son unos deliciosos regalitos para unos destinatarios afortunados.

PARA 18-20 UNIDADES

100 g de pistachos pelados

50 g de harina de arroz

250 g de harina de trigo

la ralladura de 2 limones

2 cucharaditas de pasta de vainilla

100 g de azúcar glas, tamizado

½ cucharadita de sal

200 g de mantequilla sin sal, blanda

aceite de oliva

azúcar, para espolvorear

✳ Triture los pistachos en un robot de cocina hasta que estén troceados, pero no molidos, porque es necesario conservar una textura crujiente.

✳ En un bol grande, mezcle los pistachos con la harina de arroz, la harina de trigo, la ralladura, la pasta de vainilla, el azúcar glas y la sal, y amase con la mantequilla hasta obtener una pasta. Añada la cantidad de aceite de oliva necesaria para conseguir una masa consistente. A continuación, enróllela hasta que tenga unos 4 o 5 cm de ancho. Envuélvala con film transparente y retuerza los extremos (como si envolviera un caramelo), para conseguir que quede un cierre hermético. Reserve en el frigorífico durante al menos una hora.

✳ Precaliente el horno a 150° C. Forre una bandeja de horno con papel antiadherente. Cuando esté caliente, saque la masa del frigorífico y córtela en forma de discos de 1 cm de grosor. Póngalos en la bandeja forrada de papel dejando 2 cm entre cada uno. Espolvoree al gusto con azúcar y hornee durante 20 minutos, o hasta que los bordes comiencen a dorarse pero el resto de las pastas sigan teniendo el mismo color que antes de meterlas en el horno. Deje enfriar por completo sobre una rejilla antes de degustarlas.

Carpaccio de fresa y piña con azúcar de albahaca y menta

La fruta es una de las opciones más socorridas para terminar una comida abundante. Inspirándome en la receta de *carpaccio* de piña de Jamie Oliver, ahora hago todo tipo de azúcares perfumados con hierbas aromáticas y especias para acompañar diferentes frutas. A mí me gusta especialmente el de albahaca con frutos rojos, y entre mis invitados y mis amigos, las fresas y la piña son siempre las preferidas.

PARA 4 PERSONAS

1 piña grande

400 g de fresas

un puñado generoso de menta
(sólo las hojas) picada gruesa

3 cucharadas de azúcar

un puñado generoso de albahaca
(sólo las hojas) picada gruesa

✳ Corte y retire el pedúnculo de la piña (asegúrese de que hace un corte recto en la parte inferior para que quede bien derecha). Con un cuchillo muy afilado, retire la piel, empezando por arriba y cortando en tiras hasta la base de la fruta. Junto con la piel, quite la carne necesaria para que no queden ojos marrones. Una vez pelada, corte la piña por la mitad a lo largo y, de nuevo, a lo largo para hacer cuatro cuartos. En el centro, la fruta tiene un corazón duro que deberá retirar, de modo que ponga cada cuarto recostado sobre un lado y retire como 1 cm del centro. Luego, con el cuarto en la misma posición, corte rodajas finas en forma de gajos, hasta que haya cortado los 4 cuartos. Reserve.

✳ Retire las hojas de las fresas y, con un cuchillo bien afilado, córtelas en rodajas finas.

✳ Para hacer los azúcares de hierbas aromáticas, ponga la menta picada en un mortero con la mitad del azúcar y májelos hasta que el azúcar se torne de color verde. Repita la misma operación con la albahaca y el resto del azúcar.

✳ Coloque la fruta en una fuente grande (o repártala en varios platos individuales, si lo prefiere). Espolvoree la piña con el azúcar de menta y las fresas con el de albahaca. Sirva de inmediato.

Canutillos de almendra, canela y cítricos

Estos canutillos crujientes de pasta filo componen un postre excelente o simplemente un bocado dulce. El relleno está especiado con delicadeza y perfumado con ralladura de cítricos para refrescar el paladar. Los he ideado a partir de la receta bereber de Marruecos de *m'hencha*, que significa literalmente «enrollado como una serpiente». Aunque me fascinan los *m'hencha*, hacer estos canutillos es muchísimo menos engorroso. Son algo parecido al *baklava*, pero contienen menos azúcar y mantequilla, y son del todo irresistibles.

PARA 12 UNIDADES

200 g de almendras molidas

125 g de azúcar

2 cucharadas de agua de rosas

1 cucharada de extracto de naranja

la ralladura de 2 naranjas

la ralladura de 2 limas

1 ½ cucharaditas colmadas de canela molida

100 g de mantequilla, derretida

6 hojas de pasta filo

azúcar glas, para espolvorear

✳ Sugerencia
Prepare la pasta de almendras con antelación y consérvela en el frigorífico o el congelador hasta que tenga que utilizarla.

✳ Precaliente el horno a 200° C. Forre una bandeja de horno con papel antiadherente.

✳ Mezcle en un cuenco las almendras molidas, el azúcar, el agua de rosas, el extracto de naranja, las ralladuras de cítricos y la canela con 50 g de la mantequilla derretida hasta formar una masa.

✳ Corte cada una de las 6 hojas de pasta filo por la mitad y colóquelas en horizontal frente a usted. Reparta la masa de almendras en 12 partes iguales. Amase cada parte en una especie de salchicha de 2 cm de grosor y 9 cm de largo y colóquela en uno de los extremos de la pasta filo. Doble las esquinas de la pasta sobre el relleno y enróllela mientras mantiene doblados los bordes laterales. Pinte con mantequilla el último trozo de pasta filo del canutillo que queda por enrollar y termine de darle forma y cerrarlo bien.

✳ Repita el mismo proceso hasta enrollar los 12 canutillos, y a continuación páselos a la bandeja de horno preparada. Píntelos por encima con mantequilla derretida y cuézalos en el horno durante 20 o 25 minutos o hasta que estén bien dorados. Retírelos del horno y espere a que se enfríen un poco para espolvorearlos con azúcar glas y servir.

Mess oriental

Para mí, el *Eton mess* —postre compuesto de fresas con nata y merengue— no es algo extraño, puesto que he pasado casi toda mi vida en Inglaterra. Me gusta pensar que el plato surgió como un feliz accidente cuando alguien fracasó en el intento de preparar una *pavlova* de fresa en el afamado colegio de Eton. A lo largo de los años, he creado distintas versiones con todas las frutas imaginables, y he añadido toda clase de aromas a la nata. No me importa reconocer que algunas fueron menos exitosas que otras. Esta versión oriental se perfuma con agua de rosas, y contiene frambuesas, albahaca y unas delicadas láminas de pistacho, que dan al postre un punto crujiente.

PARA 6 PERSONAS

600 ml de nata para montar

3 cucharadas de azúcar glas

1 cucharadita de pasta de vainilla o las semillas de 1 rama rascada

2 cucharadas de agua de rosas

6 merengues ya hechos

450 g de frambuesas

un puñado de albahaca griega o albahaca común (sólo las hojas)

75 g de pistachos en láminas o picados (opcional)

Para la salsa de frambuesas

225 g de frambuesas

1 cucharada de azúcar glas (o más, si las frambuesas no son de temporada)

1 cucharada de agua de rosas

un chorrito de zumo de limón

✳ Con una batidora de mano, bata en un cuenco la nata con el azúcar glas, la pasta o las semillas de vainilla y el agua de rosas hasta que se monte ligeramente. La nata no debe quedar muy ligera ni muy compacta, de modo que esté atento a la consistencia que va adquiriendo. Con la batidora a potencia alta, debería estar lista en unos 3 minutos.

✳ Para preparar la salsa, triture en un cuenco las frambuesas junto con el azúcar glas, el agua de rosas y el zumo de limón, hasta que adquiera una textura lisa y uniforme. A continuación, pase la mezcla por un colador chino para retirar las semillas de las frambuesas.

✳ Elija una fuente grande o platos individuales para servir el postre. Disponga capas de nata, merengue y frambuesas, regando con la salsa y esparciendo las hojas de albahaca y los pistachos a medida que las vaya haciendo. Decore la capa superior con un chorrito de salsa y un último adorno de hojas de albahaca y pistachos, si es que decide ponerlos. Sirva de inmediato.

Peras en almíbar de cardamomo y agua de rosas

Estas peras son sencillas, elegantes y el dulce ligero ideal para servir tras una copiosa cena. Las frutas se perfuman al cocerse con los aromas del agua de rosas persa y el cardamomo, lo que las convierte en un postre insuperable. Con este plato he conseguido que muchos de los que odiaban el cardamomo se convirtieran en nuevos adeptos.

PARA 6 PERSONAS

400 ml de agua de rosas

12-16 vainas de cardamomo, un poco abiertas o chafadas

300 g de azúcar

6 peras de piel lisa y fina, mejor si son grandes

pistachos troceados para decorar

✳ Llene un cazo bien grande con agua casi hasta el borde, póngalo a fuego medio-vivo y espere a que rompa a hervir. Añada entonces el agua de rosas, las vainas de cardamomo abiertas y el azúcar. Baje el fuego y deje cocer suavemente durante 20 minutos.

✳ Pele las peras con cuidado, para conservar íntegros los rabillos. A continuación, retire los corazones por la parte de abajo con un cuchillo pequeño bien afilado. Coloque las peras peladas y descorazonadas de pie en el cazo con el líquido de cocción y escálfelas durante 30 o 35 minutos (tiene que poder pincharlas con un palillo sin notar resistencia). Luego sáquelas y resérvelas.

✳ Sirva las peras templadas con un chorrito del líquido de cocción y esparza por encima unos cuantos pistachos troceados. A veces me gusta presentarlas sobre una cama de pétalos de rosa (lávelos muy bien previamente) para reflejar en el plato los distintos aromas de Oriente Próximo. Estas peras también quedan estupendas servidas con helado de vainilla.

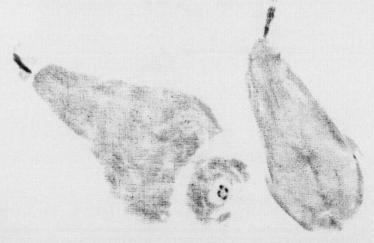

Helado de pistacho, miel y azahar

Preparar helado es algo maravilloso, en especial cuando se utiliza una heladera. Facilita muchísimo el trabajo, y siempre me asombro de lo sencillo que resulta entonces el proceso. Este helado en particular captura a la perfección todos los aromas de Oriente Próximo, y guarda una delicada nota floral del agua de azahar. El crujiente que le aportan los pistachos es una delicia. ¿Acaso no es sencillamente sublime? Servido en un cono de barquillo o, aún mejor, dentro de un *brioche* dulce, a modo de bocadillo de helado, resulta celestial.

PARA 4-6 PERSONAS

200 g de pistachos en láminas, y un poco más para decorar

150 g de azúcar

600 ml de leche entera

600 g de nata para montar

3 cucharadas de miel

200 ml de agua de azahar

400 ml de leche evaporada

la ralladura fina de 2 naranjas

✳ En un robot de cocina, triture 150 g de pistachos junto con el azúcar hasta que obtenga un polvo fino.

✳ Vierta la leche en un cazo con la nata, la miel, el agua de azahar y la mezcla de pistacho y azúcar, y ponga a fuego suave hasta que hierva. Deje que el líquido reduzca a un cuarto de su volumen durante 20 o 25 minutos, removiendo con regularidad para impedir que se salga del cazo o salpique. Cuanto más remueva, más aromas y aceites soltarán los pistachos en la masa base del helado. A continuación, reserve y deje enfriar.

✳ Vierta la leche evaporada en la mezcla anterior, y remueva junto con la ralladura de naranja y el resto de los pistachos en láminas. Mezcle bien y enfríe en el frigorífico durante al menos 2 horas o durante toda la noche.

✳ Una vez bien frío, vierta la mezcla en una heladera y déjela en marcha durante 25 o 30 minutos (o siguiendo las instrucciones del fabricante). También puede ponerla en un envase grande y poco hondo, y meterlo en el congelador durante 2 horas. Saque el envase del congelador y rompa los cristales de helado con un tenedor. A continuación, vuelva a meter en el congelador hasta que adquiera una textura consistente. Sirva en forma de bolas y decore con pistachos laminados.

Magdalenas de pistacho, rosa y frambuesa

Lo fundamental de las magdalenas es que tienen que comerse aún calientes, recién horneadas, lo que les permite conservar esa textura fundente en la boca que las hace irresistibles. Si puede comerse sólo una es que, créame, aún no ha conseguido hacer una magdalena buena de verdad. Éstas encierran el aroma de las rosas persas, el sabor de los pistachos, y están coronadas con una frambuesa para darles una explosión de jugosidad.

PARA 30 UNIDADES

3 huevos camperos grandes

175 g de azúcar

175 g de harina de trigo

10 g de levadura en polvo

un pellizco de sal

200 g de mantequilla sin sal, derretida y fría, más otros 50 g, blanda, para engrasar

3 cucharadas de miel

4 cucharadas de agua de rosas

150 g de pistachos pelados bien picados

30 frambuesas (1 por magdalena)

✳ En un cuenco grande, casque los huevos, añada el azúcar y bata hasta que tenga un aspecto blanquecino y muy espumoso. En otro cuenco, mezcle la harina con la levadura y la sal, y reserve. A continuación, remueva la mantequilla derretida y fría con la miel y el agua de rosas, y viértalo en el cuenco con los huevos batidos. Mezcle hasta conseguir que quede uniforme.

✳ Agregue los pistachos picados a la preparación y revuelva bien. Por último, incorpore la mitad de la mezcla de harina, bata vigorosamente y, a continuación, añada el resto de harina y siga batiendo hasta que esté bien integrada. Cubra el cuenco con film transparente e introduzca en el frigorífico durante al menos 2 horas, o durante toda la noche si lo prefiere.

✳ Precaliente el horno a 190° C. Con la mantequilla blanda, pinte cada uno de los huecos de un molde de 12 magdalenas e introduzca en el congelador durante unos cuantos minutos para que se endurezca. A continuación, vuelva a pintarlos con mantequilla blanda. Vierta una cucharada colmada de la masa en cada hueco. Coloque una frambuesa en el centro de cada magdalena. Cuézalas durante 5 minutos y apague el horno durante 1 minuto. Vuelva a encenderlo a 160° C y siga cociéndolas durante otros 5 minutos o hasta que estén doradas.

✳ Abra el horno y desmolde las magdalenas (una cucharilla le ayudará a retirarlas). Lave el molde y repita el proceso hasta que haya terminado con la masa. Sirva las magdalenas calientes. Aunque se conservan bien en un envase hermético durante 48 horas, debe tener en cuenta que siempre saben mejor recién horneadas.

Arroz con leche

Nosotros llamamos a este postre *sheer berenj*, es decir, «arroz cremoso». Pese a que, cuando era niña, no me gustaba mucho, lo he redescubierto de adulta y le he añadido mis propios aromas para crear un plato irresistible y con todo el sabor casero. Me gusta incorporar un poco de ralladura de cítricos para proporcionarle los aromas y el sabor de la cáscara, pero sin la acidez del fruto. Los frutos secos le dan un toque crujiente delicioso.

PARA 4-6 PERSONAS

650 ml de leche entera

200 ml de nata para montar

2 cucharaditas de agua de rosas

las semillas de 4 vainas de cardamomo verde, molidas en el mortero

1 cucharadita de pasta de vainilla o las semillas de 1 rama rascada

2 cucharadas de miel, y un poco más para regar

200 g de arroz redondo

50 g de mantequilla sin sal

la ralladura de 1 lima

Para servir

50 g de almendras tostadas en láminas

50 g de pistachos pelados y troceados

un puñado de pétalos secos de rosa comestibles

✳ Ponga a fuego medio-bajo un cazo grande y vierta dentro la leche, la nata, el agua de rosas, las semillas molidas de cardamomo, la pasta de vainilla o las semillas y la miel. A continuación, remuévalo todo bien hasta que la pasta de vainilla se haya disuelto. Caliente la mezcla sin que llegue a hervir, ponga a fuego medio y añada el arroz.

✳ Cuando el arroz ya esté dentro del cazo, tendrá que remover sin parar durante unos 20 minutos más o menos para que suelte el almidón, que es lo que espesará el postre. Si el arroz queda un poco seco durante la cocción, añada un poco más de leche.

✳ Cuando esté cocido, incorpore la mantequilla y remueva bien hasta que se funda. Apague el fuego y mezcle con la ralladura de la lima para dar al postre un toque de frescor.

✳ Aunque en Oriente Próximo comemos en ocasiones el arroz con leche caliente, nos encanta muy frío. Viértalo en una fuente grande o en platitos individuales, decore con las almendras y los pistachos, y corónelo con unos cuantos pétalos secos de rosa, para enfriarlo a continuación en el frigorífico durante un par de horas. Riegue con un chorrito de miel justo antes de servir.

Orejones de albaricoque en almíbar con nueces y crema espesa

El *kaymak* es una especie de obsesión en Turquía. Allí donde vaya, lo encuentra: helado, yogur de *kaymak*, bizcochos y golosinas rellenos de *kaymak*... Así que un día me decidí a preguntar qué demonios era aquel ingrediente. La respuesta es muy sencilla: *clotted cream*, crema espesa, y a los turcos les fascina. Ésta es mi versión de un dulce muy popular con el que los turcos disfrutan de lo lindo: orejones de albaricoque rellenos con esta crema y nueces. Unos bocados sabrosísimos y, además, vistosos. Pese a que son muy dulces y grasos, con una taza de té negro o de menta, son una tentación casi irresistible.

PARA 6 PERSONAS

500 ml de agua

6 cucharadas de azúcar

1 rama de vainilla partida por la mitad

2 tiras de piel de limón

un chorrito de zumo de limón

1 rama de canela (de 7 cm aprox. de largo)

1 cucharada de vainas de cardamomo verde, un poco aplastadas

24 orejones de albaricoque (unos 200 g)

200 g de *clotted cream* (o *crème fraîche* o *mascarpone*)

200 g aprox. de nueces en mitades (1 por orejón)

❉ **Sugerencia**

Para preparar *clotted cream*, o crema espesa casera, vierta 1 litro de nata para montar en una bandeja refractaria muy plana e introdúzcala en el horno precalentado a 90° C durante 2 horas. Deje enfriar, luego refrigere durante 24 horas hasta que se forme una costra en la superficie.

❉ Ponga un cazo a fuego medio, vierta el agua, añada el azúcar y remueva hasta que éste se disuelva. Agregue la rama de vainilla, las tiras de piel y el zumo de limón, la rama de canela y las vainas de cardamomo, y ponga a fuego medio-bajo. Deje cocer despacio durante 15 minutos.

❉ Incorpore al almíbar los orejones y deje que se escalfen durante otros 15 minutos, apague el fuego y manténgalos en el líquido hasta que estén fríos. En este momento, a mí me gusta meter la crema espesa en el congelador durante un rato (unos 15 minutos, lo que tarde en necesitarla), así será más fácil no manchar de crema los orejones por fuera al rellenarlos.

❉ Cuando los orejones estén fríos, eche un poco de agua caliente en un tazón para tenerla a mano y limpiar la cuchara durante el proceso de rellenado.

❉ Saque un orejón del almíbar de cocción y fuércelo un poco para abrirlo. Con una cuchara, introduzca cuidadosamente en la cavidad la crema que quepa, ponga encima una mitad de nuez y coloque el orejón relleno en una fuente de servir. Enjuague la cuchara en el tazón de agua caliente y repita el proceso hasta que todos los orejones estén rellenos. Sirva de inmediato o deje en el frigorífico hasta que desee servirlos.

Índice

Agradecimientos

Me gustaría dar las gracias a un puñado de gente increíble que, para mi suerte, me rodea, por lo que me siento más que afortunada... Para empezar, y en lugar destacado, a mi agente en Sauce Management, Martine Carter, quien ante mi asombro vio algo en mí que le bastó para acogerme bajo su protección. También a Nicky Hancock y a Jo Barnes, de Sauce Communications, que han sido muy amables conmigo y me han apoyado, y a Maureen Mills, de Network London, por ser una buena amiga, además de la asesora triunfante de mi carrera.

A la gente encantadora de Natoora y Belazu, que han patrocinado mis *supper clubs* y otros eventos con sus productos extraordinarios.

Al maravilloso equipo de Octopus Publishing, en especial a Stephanie Jackson y Fiona Smith, que hicieron mi sueño realidad, y a toda la gente apasionada que se ha involucrado conmigo en este proyecto. Mi agradecimiento más especial para todos, pero en particular para Sybella, Jonathan, Jazzy Fizzle, y para mi pareja, Kat Mead, que se encargó de que todos los mejunjes quedaran niquelados con el apoyo de dos fotógrafos extraordinarios, Liz y Max Haarala Hamilton, quienes me ayudaron a aprehender el retrato fidedigno de la comida de Oriente Próximo. Sin todos vosotros no podría haber sacado adelante con tan poco esfuerzo el proyecto... o los *bagels* untados con queso Boursin o tantas y tantas albóndigas. Muchas gracias a todos por meteros en cuerpo y alma en este libro.

Y por último, y no porque no me haya acordado de ella hasta ahora... a mi querida Emanuele... siempre paciente, siempre amable... siempre hambrienta. No imagino todo lo que me he perdido antes de que estuvieras conmigo. No sé si me he dejado algo, cuando vosotros me lo disteis todo. Con amabilidad, con amor, con satisfacción (incluso cuando he sido una auténtica obsesa del trabajo), muchas gracias por ser mi torre y mi fuerza y por estar siempre a mi lado con orgullo.

Sabrina Ghayour

Título original: *Persiana*
Traducción del inglés de María Rosa Tovar Larrucea

Publicado por primera vez en el Reino Unido por Mitchell Beazley en el año 2014, un sello editorial de Octopus Publishing Group Ltd., Endeavour House, 189 Shaftesbury Avenue, Londres WC2H 8JY

Ilustraciones de Susan Brinkhurst

Publicaciones y Ediciones Salamandra, S.A.
Almogàvers 56, 7º 2º - 08018 Barcelona -
Tel. 93 215 11 99
www.salamandra.info

ISBN: 978-84-16295-04-3
Depósito legal: B-12.378-2015

1ª edición, noviembre de 2015
Printed in China